中国低碳发展宏观研究项目系列丛书

Ideas and Actions :
Low Carbon Development and
Public Participation

心物知行：

低碳发展与公众参与

田成川 / 著

中国财经出版传媒集团
经济科学出版社
Economic Science Press

序

　　全球气候变化深刻影响着人类的生存和发展，是世界各国共同面临的重大挑战。积极应对气候变化和低碳发展的理念已被大多数国家所接受。我国是最易受气候变化不利影响的国家之一，也是当前全球碳排放大国，经济体量大、能源消费多、碳排放总量高。积极应对气候变化，加快低碳发展，是我国发展转型和生态文明建设的必然要求，也是我国履行负责任发展中大国的现实选择。正如习近平总书记所指出的，积极应对气候变化，这不是别人要我们做，而是我们自己要做的。

　　长期以来，中国政府高度重视应对气候变化问题，把绿色低碳发展作为生态文明建设的重要内容，主动实施了一系列节能减碳重大政策举措，取得了显著成效，得到了世界各国的高度肯定和认可。中国应对气候变化取得的成就、经验和采取的政策措施，为各国特别是发展中国家应对气候变化提供了"中国模式"和"中国方案"。

　　实现低碳发展，离不开政府、企业、公众的共同努力，其中，公众参与对实现国家低碳发展目标具有重要作用，甚至是关键性作用，只有有了公众的自觉参与，低碳发展等环境保护事务才能超出政府和学术界的层面，成为全社会的一致行动，公众自觉参与，也是对政府是否尽到了环境保护和环境治理责任的有效监督，对企业是否注重绿色低碳发展，同样是一种监督。

　　田成川博士长期从事经济发展、应对气候变化政策制定工作，有着丰富的低碳发展政策研究和实际工作经验，在北京大学光华管理学院从事应用经济学博士后研究期间，他选择了低碳发展与公众参与这一课题作为研究方向，利用理论研究、实证研究等方法，系统梳理了低碳发展中公众参与的重要性、概念内涵、参与机制，并提出了政策建议。应该说，这一题目既是我国可持续发展过程中的新的课题，也是一个涉及经济、能源、政治、社会、文化、传播学等多学科的交叉学科研究课题。他从经济层面、政治层面、哲学层面对低碳发展内涵做出新的阐释，从参与气候治理进程、参与低碳经济发展、参与低碳文化建设三重维度提出构建公众参与低碳发展机制，对碳排放从历史分布、全球分布、社会分布三个角度进行分析的理论架构，都具有较好的理论创新价值，特别是他从中国传统哲学的视角，即从心与物、知与行的层面来把握公众参与与低碳发展的关系，令人耳目一新。

在实现现代化的过程中，本书提出的问题、做出的探索努力，值得给予鼓励和肯定，希望各界人士能从本书中得到启示。

是为序。

2019 年 1 月

前言

　　工业革命以来，人类依靠科技进步，创造了前所未有的物质文明，也第一次突破了山川湖海的自然地域限制，把人类活动扩展到了地球的每一个角落。随着经济规模和人口规模的不断增长，人类活动对地球资源的攫取和耗费与日俱增，对地球生态环境的破坏也已经达到严重威胁人类自身生存和发展的程度。改变传统的生产生活方式，推进可持续发展进程，已是刻不容缓！特别是人类对煤炭、石油、天然气等化石能源的大规模使用，排放了大量温室气体，造成了地球历史上首次由人类活动因素占主导的气候变化问题的产生。根据监测，2015 年全球大气中的温室气体浓度已超过 400ppm，达到了近 80 万年以来的最高水平。2013 年联合国政府间气候变化专门委员会发布的第五次评估报告指出，1950 年以来，地球气候系统正在发生数十年来乃至数千年来的重大变化，1880～2012 年，全球表面平均气温上升了 0.85℃，冰川融化、海平面上升、旱涝灾害增加、高温热浪等极端气候事件频发、生态系统功能损害等气候变化问题，正在成为当今人类社会面临的重大风险和挑战。历史研究已充分表明，气候变化与人类文明的兴衰密切相关。如果人类社会不改变高碳的发展方式，继续大规模排放温室气体，一旦地球气候系统的阈值被突破，潘多拉的魔盒就将打开，其对人类文明的影响将是无法想象的。

　　基于此，近 30 年来，国际社会一直在推进全球合作应对气候变化的历史进程。低碳发展已成为国际经济和产业发展的重要潮流，也成为人类实现可持续发展的必然选择。从经济层面说，低碳发展是"低碳"和"发展"的有机结合，重点是通过创新经济发展模式，一方面降低二氧化碳等温室气体的排放，另一方面要实现经济社会可持续发展，提高经济效益和竞争力。从社会层面看，气候变化问题因人类生产生活方式而生，也必须要通过社会意识形态和社会行为规范的调整，来实现低碳发展。同时，低碳发展反映了一个国家政策导向和利益格局，关系到公众的切身利益。低碳发展作为公共事务，和其他任何事关公共利益的事务一样，也必须仰仗有序的公众参与，才能有效推进。从哲学层面看，低碳发展是人类对自身命运和发展方式的反思，关系到人生价值和意义的评判标准，代表了人类实现人与自然和谐发展、可持续发展的价值追求，表明人类不再通过过度透支未来成本换取眼前利益。这种发展方式的实现，必须通过改变、重构公众认知和价值体系，进而通过公众的持续参与和努力才有可能转换为现实。从根本上说，低碳发展的标志是碳，即物；而低碳发展的主体是人，即心。低碳发展是社会主体与自然及历史客体互动的结果，即心与物的关系；公众参与低碳发展，关键在于理念和行动，即知与行的关系，因此，本书将公众参与低碳发展问题的核心要素概括为心、物、知、行，实现公众参与型的低碳发展，关键是要处理好这四者之间的关系。全书共7章。

第1章导论。主要介绍了研究的背景，梳理国内外研究现状，提出研究方法和思路，注重理论建构和实证研究相结合，特别侧重于规范分析指导下的实证研究。从公众参与低碳发展的视角出发，将公众作为低碳发展的主要行为主体，以公众的个体参与行为和组织化参与行为作为主要研究对象，探讨公众如何通过政策制定、需求引导、公众行为等推进全社会的低碳发展进程。

第2章我国低碳发展进程和公众参与现状。回顾了全球气候治理的进程、我国低碳发展的历史进程，并梳理了我国公众参与低碳发展的相关法律制度规定、有关经验和做法以及存在的问题和不足。

第3章公众参与低碳发展的国际经验。重点梳理了英国、德国、日本、美国等发达国家公众参与低碳发展的经验，其做法和经验表明，提高公众对低碳发展和环境保护的参与度，是解决环境问题的关键，要从法律、制度、机制、政策等各个层面为公众参与创造条件，提高公众参与意识和能力，加强公众参与基础设施和平台建设，形成良好的低碳社会治理体系。发达国家的经验和做法对我国具有重要的启示与借鉴意义。

第4章保定市低碳发展现状。重点研究了案例城市保定市经济社会发展的基本情况，低碳发展的成效、面临的挑战和未来低碳发展的方向。

第5章公众参与低碳发展现状：保定市调查分析。以河北省保定市为例，通过问卷调查，梳理了公众参与低碳发展的具体情况及存在问题，调研发现，公众对推动低碳发展意愿较强，对低碳发展有一定的认识和了解，对于低碳发展普遍持支持态度，具有参与其中的良好意愿，在衣、食、住、行等低碳消费方面，存在不同程度的参与。公众普遍认为政府在低碳发展中需要发挥主导作用。普遍要求政府采取更多行动，推动低碳发展。低碳发展的公众参与度还有待进一步提高。参与方式及自身条件素养对公众参与低碳发展具有较大影响。

第6章构建公众参与型低碳发展机制。在总结国内外经验的基础上，提出了构建公众参与型低碳发展机制的理论设想，认为政府、企业、公众等低碳发展主体的利益博弈，决定着低碳转型的进程。政府在低碳发展中发挥着主导作用，企业是低碳发展的主体，公众参与则对低碳转型具有关键作用。本书对公众参与主体的社会形态和构成进行了分析，认为公众参与低碳发展机制主要应从参与气候治理进程、参与低碳经济发展、参与低碳文化建设三重维度进行构建，公众参与低碳发展不仅对实现应对气候变化目标至关重要，也具有重要的社会价值。

第7章为推动公众参与低碳发展的政策建议。提出应将公众参与纳入国家低碳发展战略，加强公众参与法制建设、基础设施建设，加强宣传教育和舆论引导，形成全社会协同治理格局，并健全公众参与的激励机制。

探讨低碳发展的公众参与是一项新的课题，特别是在中国特色的经济社会体制和发展条件下，如何构建符合中国发展阶段和低碳发展实际的公众参与机制，是我国低碳发展战略的重要组成部分和重大命题。由于气候变化问题从总体上属于环境问题，低碳发展与环境保护在工作性质上紧密联系、密不可分，特别是从公众参与的角度来说，许多做法是相似的，因此，本书对公众参与的研究，没有严格区分低碳发展和环境保护领域，而是对二者进行了一体化处理。本书的研究只是这一理论探索的开始，希望有更多的专家学者和读者关注这一课题，并为推动中国低碳发展的公众参与贡献力量。书中的不足之处还有很多，在此亦请读者朋友不吝批评指正。

田成川

2018 年 8 月 10 日

目　　录

第1章

导　　论

■ 1.1　研究背景

气候变化是当今人类社会面临的最复杂、最严峻挑战之一。科学研究和大量观测事实表明，全球气候正在发生以变暖为主要特征的显著变化。最新发布的政府间气候变化专门委员会（IPCC）第五次评估报告指出，气候系统变暖是毋庸置疑的，1880～2012 年，全球表面平均温升达到 0.85℃，自 1950 年以来，已观测到整个气候系统数十年来乃至数千年所未有的很多变化。地球几乎所有地区都经历了升温过程，气候变化包括地球表面气温和海洋温度的上升、海平面的上升、格陵兰和北极冰帽消融和冰川退缩、极端气候事件频率增加等。该报告认为，人类活动对气候变化的影响已经很清晰，并且有 95% 的把握认为人类活动是造成当今气候变化的主要原因。报告指出，当前大气中温室气体浓度已升至几十万年来前所未有的水平，如果不采取更多减排措施，到 2100 年，全球平均气温将比工业革命前高 3.7℃～4.8℃。报告认为，到 21 世纪末将全球平均温度上升幅度控制在 2℃是可能的，但前提是到 2050 年全球温室气体排放相比 2010 年要减少 41%～72%，到 2100 年排放要接近零。如果不考虑其他温室气体，根据该报告给出的 2010 年全球二氧化碳排放量 380 亿吨、1971～2010 年累计排放 1.07 万亿吨的数据，实现控制全球温升不超过 2℃的目标，全球剩余的排放空间是很有限的，按照 2010 年的排放水平，2050 年前剩余排放空间仅够排放 17～31 年。该报告分析认为，要以成本有效的方式实现温升控制在 2℃内的目标，2030 年全球温室气体排放量需要限制在 300 亿～500 亿吨二氧化碳当量，相比 2010 年下降 40%，最低限度也要回到 2010 年的水平，这对各国减排提出了艰巨的任务，2030 年前全球碳排放尽快达到峰值，已成为实现 2℃目标的必要条件。

气候变化威胁凸显了以化石能源为基础的传统工业化的不可持续性，引发了人类社会对自身发展方式的深刻反思。实现全球应对气候变化目标，确保人类气候安全，要求各国必须加快向低碳发展转型。低碳发展是一种以低耗能、低污染、低排放为特征的可持续发展模式，是"低碳"与"发展"的有机结合。一方面，要降低二氧化碳排放；另一方面，要实现经济社会可持续发展。低碳发展是一项复杂系统工程和长期性工程，需要顶层设计、技术支撑、项目载体、市场机制等多系统支撑，也需要系统化的发展方式转型。低碳发展的实质是以低碳技术为核心、低碳产业为支撑、低碳政策制度为保障，通过创新低碳管理模式和发展低碳文化，实现经济社会发展的低碳化。

低碳发展作为人类应对全球气候变化的根本出路，已成为各国经济发展的重要共识和潮流，代表了人类可持续发展的更高追求和主动选择。以应对气候变化为契机，世界各国特别是发达国家把低碳发展作为提升国际竞争力和全球领导力的重大战略选择。欧盟早在 2007 年就制定了能源和气候变化的一揽子计划，提出温室气体排放到 2020 年比 1990 年减少 20%，2014 年初又确定了到 2030 年比 1990 年减排 40% 的目标。德国提出到 2030 年、2050 年碳排放总量比 1990 年下降 55% 和 80%～95% 的减排目标，并已成为全球低碳发展成效显著而又最具经济活力的国家之一。美国加快实施"绿色新政"，2013 年出台了"总统应对气候变化行动计划"，近年来实现了碳排放较大幅度下降。南非提出碳排放在 2020～2025 年达到峰值，并自 2015 年起征收碳税。

对于正处于转变经济发展方式攻坚时期的中国而言，低碳发展具有特殊重要意义。改革开放以来，我国经济快速发展，经济实力和综合国力显著提升，但粗放、高碳发展模式使我国付出了沉重的资源环境代价，也严重影响我国能源安全。2012 年，我国国内生产总值占全球 11.5%，却消耗了全球 45.7% 的钢铁、57.8% 的水泥、21.9% 的能源和 50.2% 的煤炭，石油、天然气、铁矿石对外依存度已分别高达 56%、28.9% 和 71%。[①] 大量能源资源投入带来大量污染排放，我国二氧化硫、氮氧化物、汞等重金属排放都高居世界第一位，不少地方污染排放远超环境容量，大气污染、水污染、土壤污染触目惊心，特别是近年来大范围出现的严重雾霾天气，已成为各界关注的重大民生问题和全球关注的环境焦点问题，甚至影响到我国社会安全和国际形象。而能源消费快速增长和能源结构以煤为主，是造成我国生态环境持续恶化的重要因素。同时，我国虽然国土面积辽阔，但 3/4 为高原、山地，西部大片国土自然气候条件较差，人口、产业和化石能源消费高度集中于东部沿海地区，东部地区单位国土面积污染物排放密度高，环境容量严重不足，发展空间制约加剧。过去四十多年我国的工业化道路浓缩了发达国家近百年的发展进程，也使在发达国家依次出现、逐步解决的资源环境问题在我国集中爆发，呈现压缩型、复合型的特征。随着我国发展阶段和要素禀赋变化，实现现代化目标已不可能再沿袭传统发展模式，必须寻找新的发展道路和增长点，并以超常规的生态环境战略解决超常规的资源环境问题。因此，实现全面建成小康社会和现代化奋斗目标及以人为本的可持续发展，必须改变传统的高碳发展模式，把低碳发展作为统筹解决资源环境瓶颈制约和雾霾等环境问题的根本性措施，着力提升可持续发展能力。

同时，低碳发展是我国大力推进生态文明建设的重要途径。生态文明是适应我国经济社会发展进入新阶段、满足人民群众过上更加美好生活新期待而提出的战略要求，是贯穿经济建设、政治建设、文化建设、社会建设全方位的系统工程。建设生态文明，要求摆脱片面追求物质财富增长的

① 邹骥：《论全球气候治理》，中国计划出版社 2015 年版，第 241 页。

发展理念，树立尊重自然、顺应自然、保护自然的生态文明理念，更加注重人与自然的和谐、人的全面发展和社会全面进步。低碳发展与生态文明建设一脉相承，一方面，建设生态文明为我国推进低碳发展指明了方向，提供了理论和制度保障；另一方面，推进低碳发展既是我国大力推进生态文明建设的重要内容，也是其重要实现途径。通过低碳发展，发挥控制温室气体排放目标的统领作用，有利于在全社会形成广泛的节能环保意识和可持续发展理念，有利于构建低碳排放的生产模式和消费模式，有利于形成促进经济发展方式转变的倒逼机制，有利于形成优化产业结构和能源结构、节能提高能效、强化生态建设的内生动力，有利于发挥低碳发展与环境保护的协同效应，推动生态文明建设迈上新的台阶。

推进低碳发展，也是我国提高国际竞争力和话语权的战略选择。当前，我国已成为全球制造业大国，但产业发展大而不强，产业层次依然偏低，在国际产业链分工中处于中低端环节，缺乏关键技术、品牌等核心竞争优势。随着我国发展进入新阶段，长期依靠廉价劳动力和透支资源环境成本而获得的加工制造业竞争优势正在失去。面对全球方兴未艾的低碳经济和低碳技术创新浪潮，以及发达国家谋求通过碳关税、碳标准等"绿色壁垒"限制发展中国家传统竞争优势的新态势，我国只有顺应国际潮流，通过加快低碳发展，提升低碳技术创新能力和低碳竞争力，才能在新一轮国际经济与科技竞争中抢占先机和制高点，提升我国在能源革命、科技革命中的话语权，在新的国际分工中形成产业发展新优势。同时，我国作为全球第二经济大国和第一温室气体排放大国，在国际谈判中面临的压力不断增大，成为各方关注的焦点。我国必须发挥负责任大国作用，以更加积极的姿态参与全球治理，积极承担与发展阶段相称的国际义务，增强我国在气候变化等全球性问题上的话语权，为我国的和平发展创造更好的外部环境。

长期以来，我国政府高度重视气候变化问题，把积极应对气候变化作为国家经济社会发展的重大战略，把绿色低碳发展作为生态文明建设的重要内容，采取了一系列行动，为应对全球气候变化做出了重要贡献。2009

年向国际社会宣布：到 2020 年单位国内生产总值二氧化碳排放比 2005 年下降 40%~45%，非化石能源占一次能源消费比重达到 15% 左右，森林面积比 2005 年增加 4000 万公顷，森林蓄积量比 2005 年增加 13 亿立方米。通过采取一系列综合措施，到 2014 年，我国单位国内生产总值二氧化碳排放比 2005 年下降 33.8%，非化石能源占一次能源消费比重达到 11.2%，森林面积比 2005 年增加 2160 万公顷，森林蓄积量比 2005 年增加 21.88 亿立方米，水电装机达到 3 亿千瓦，并网风电装机达到 9581 万千瓦，光伏装机达到 2805 万千瓦，核电装机达到 1988 万千瓦。[①] 重点领域适应气候变化取得积极进展。应对气候变化能力建设进一步加强。

在此基础上，根据自身国情、发展阶段、可持续发展战略和国际责任担当，2015 年，我国确定了到 2030 年的国家自主贡献行动目标：二氧化碳排放 2030 年左右达到峰值并争取尽早达峰；单位国内生产总值二氧化碳排放比 2005 年下降 60%~65%，非化石能源占一次能源消费比重达到 20% 左右，森林蓄积量比 2005 年增加 45 亿立方米左右。[②] 实现这些目标，需要社会各界付出长期艰苦的努力，也需要政府、企业、公众的通力合作，其中，公众参与对实现国家应对气候变化和低碳发展目标具有重要作用，甚至是关键性作用。正如厉以宁（2010）在《工业化和制度调整》一书中所阐释的，只有有了公众的自觉参与，环境保护才能超出政府和学术界的层面，成为全社会的一致行动；公众自觉参与，也是对政府是否尽到了环境保护和治理环境责任的有效监督，对一切已经或可能造成环境破坏的企业及其领导人，同样是一种有效监督。

1.2　国内外研究现状

关于公众参与低碳发展的概念界定，龚洋冉等（2014）通过梳理相关

---

①②　《强化应对气候变化行动——中国国家自主贡献》，国家发改委网站。

文献，将"低碳发展公众参与"作为整体概念提出，认为在实现低碳发展战略目标过程中，公众参与至关重要。仇泸毅等（2014）提出，低碳发展公众参与中公众是指与特定的公共主体（如政府）相互联系、相互作用的个体、群体或组织的总和。不同公众对事物的认识和行为是不同的，仇泸毅、龚洋冉、孙宁宁等（2014）通过调研发现，城乡公众在低碳发展公众参与过程中存在显著差异。邓晓迪（2012）认为，公众参与低碳经济发展指的是公民或社团在公共管理者制定和实施低碳经济政策及管理低碳经济发展的过程中，以特定的方式，通过特定的途径向公共管理者发表自身的观点、表达自身的意愿、提出自身的要求，并以此影响低碳经济政策和低碳经济发展结果的行为。

公众参与低碳发展的意义是多方面的。雅艾尔·保劳格和莎拉·达比（2009）认为，公众对低碳创新、技术和行为的追求会推动企业的减碳行动；奥利维尔·鲁斯（2008）指出，在碳交易市场，越来越多的组织建议公众加入碳抵消交易，以满足不断增长的公众参与阻止气候变化的需求；露西·米度美斯和布拉德利·D.帕里什（2010）认为，"草根运动"促进了低碳社团的建设，打破社会的传统，为社会的变革创造了新的能力；于清和王洪（2010）分析了公众参与在低碳经济发展的必要性，并提出增强公众参与意识和能力建设。李贵波（2010）认为，目前许多城市在发展低碳经济过程中仍然沿袭政府单一治理的模式，并呼吁"建立一种新的城市能源利用的模式"，其"新的城市能源利用的模式"是一种强调公众参与的模式。

研究者大都力倡公众参与低碳发展。贝恩德·克什米尔和乌尔斯·达欣登（2000）指出，制定有效的气候政策必须结合社会科学的研究成果，特别是必须包括从普通公民到商业人士这些利益相关者的参与之研究；马燕合和黄晶（2008）认为，全民参与是实现节能减排目标的根本要求，应动员企业、普通民众等多方参与主体积极参与节能减排，以产生显著的经济、社会、环境多重效益。徐国伟和路东（2010）指出，低碳经济发展离不开企业和公众的参与，并在很大程度上取决于公共参与的积极性和主动性。

关于公众参与低碳发展的具体领域，埃米尔·胡安和莎拉·多尔尼卡的研究论及旅游业低碳发展中的公众参与；辛章平和张银太（2008）认为，基于公众行为的低碳消费模式对低碳城市建设有着十分重要的意义。付蓉（2009）论述了低碳城市建设相关概念、中国公众参与低碳城市建设的现状和存在的问题及其背后的深层原因，提出了完善公众参与低碳城市建设的政策建议。戴亦欣（2009）提出，低碳城市应该提倡政府、公民、市场共同协作的发展模式。周跃云、王汉青、赵先超等（2010）以株洲低碳城市创建为例，提出低碳城市的治理模式应该是"三位一体"式，"三位"是指政府、企业与社会，并详细阐述了各主体的职责，同时指出要形成三方共同参与、相互影响的良好反馈机制。樊靓（2011）认为，低碳城市建设应从发展路径规划和对策选择两个角度出发，自上而下、舆论先行、全民参与，建立起低碳城市发展的支撑和保障体系。罗栋燊（2011）认为，低碳城市是政府以低碳社会为建设目的、企业以低碳生产为主要的生产方式、市民以低碳生活为特征的城市。张微（2011）利用层次分析法对保定市低碳经济的发展水平进行了综合评价，找到保定市低碳经济发展过程中存在的主要问题，提出加快低碳经济发展的对策建议。付蓉（2009）选取保定市进行案例分析，在介绍了保定市公众参与低碳城市建设情况的基础上，总结出其在推进公众参与过程中的经验与存在问题，并提出了相应的政策建议。王建明（2012）认为，公众低碳消费行为就是"公众在日常消费过程（包括购买购置、使用管理、处理废弃全过程）中自觉降低能源消耗（特别是煤炭、石油等化石能源消耗），减少温室气体排放（特别是二氧化碳排放）的消费行为模式"。田甜（2012）认为，中国低碳城市建设中适用"政府主导多元主体参与"模式。还有研究者讨论了低碳发展公众参与在农业发展中的应用，以及低碳社区建设、低碳旅游、低碳出行、绿色公民社会建设等诸多方面。

总体来看，目前国内外研究低碳发展公众参与的视角相对单一，大多是集中于一点展开理论论述，比如从产业结构调整、企业低碳发展或基于消费者消费方式的某个方面进行研究。同时，大多数文献较为关注低碳经济发展的途径、方式，或阐述中国走低碳发展道路的必然性，较少有文献专门研究低碳经济发展中不同主体间的决策冲突。现有的研究多以定性研究为主，缺乏相关方意愿调查，从而使公众参与低碳发展的研究存在结构性缺陷。

1.3　研究方法

本研究重视理论建构和实证研究相结合，特别侧重于规范分析指导下的实证研究。公众参与理论是政治学说和政策科学的核心内容，低碳发展理论也是当前可持续发展和政策学研究的重点领域，将公众参与融入低碳发展理论，构建有中国特色、符合中国国情的公众参与型低碳发展理论模式，对形成生态文明制度体系具有重要意义。本研究不仅梳理了国内外相关研究的现状，并结合中国低碳发展的制度框架、政策体系和实践经验，提出中国公众参与低碳发展的理论假说，而且通过进行深入细致的相关方意愿调查，了解当前公众对气候变化和低碳发展的认知、对低碳发展政策的参与现状和参与意愿，明确相关方利益诉求和价值取向，进而从理论上阐明低碳转型中公众参与对低碳发展的作用机理，提出拓宽公众参与低碳发展政策制定、企业低碳转型渠道以及促进个人低碳消费的政策建议。

定性分析与定量分析相结合，分析低碳发展中利益相关方目标约束和利益诉求，形成低碳发展中政府、企业和公众各自作用及其相互关系的宏观分析框架，建立利益相关方博弈关系模型，分析公众参与从社会、经济、文化多层面推动低碳转型的动力机制。通过调查分析，对公众对低碳发展的认知、参与低碳发展的现状、参与意愿和渠道进行定量研究，形成有效的量化指标。

1.4 研究思路

低碳发展的利益相关方和责任主体包括政府、企业和公众，低碳发展的关键是要处理好三者的关系。在低碳发展中，政府、企业和公众具有不同的目标定位、现实约束与利益诉求。其中，政府是低碳转型的关键，其政策制定是政府自身利益、企业利益和公众利益博弈的过程。企业是低碳转型的主体，其发展模式决定社会的资源消耗水平。公众参与是低碳转型的原动力，公众利益是社会的最高利益，公众意识是社会发展推动力。因此，公众参与对实现低碳发展至关重要。

本研究从公众参与低碳发展的视角出发，将公众作为低碳发展的主要行为主体，以公众的个体参与行为和组织化参与行为作为主要研究对象，探讨公众如何通过政策制定、需求引导、公众行为等推进全社会的低碳发展进程。

研究的主体思路是，通过对典型案例城市——保定市低碳发展现状以及公众参与状况的调查研究，总结公众参与低碳发展的国际经验与启示，分析政府、企业和公众在低碳发展中的约束目标与利益诉求冲突，解析三类主体行为及其相互作用对低碳发展的正负效应，探讨政府、企业和公众等行为主体角色，明晰三类主体在低碳发展中的作用机理，提出进一步发挥公众在低碳发展公共政策制定、低碳经济和低碳消费、低碳意识和低碳文化等方面的重要作用，形成推动低碳发展的内在机制，最后提出以提高公众参与为核心，构建新的低碳发展机制，从社会、经济、文化多层面推动低碳转型的政策建议。主要思路见图 1 - 1。

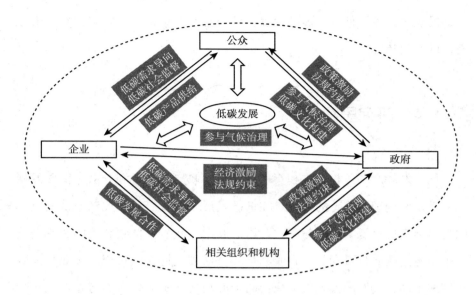

图 1-1　公众参与低碳发展研究思路示意

▌ 1.5　研究难点和创新之处

1.5.1　研究难点

选题具有一定的开创性。在相关学术研究中，专家学者对公众参与低碳发展重要性、参与现状及参与渠道，开展了不同层面的学术研究，但尚未形成具有说服力和较强解释力的理论成果，也未从政治、经济、文化等多层面建立分析公众参与低碳发展的系统理论架构，本研究需要进一步完善相关理论分析框架，提出有说服力的理论假说。

本研究建立在对公众的实证调查分析之上，保证调查数据的可获得性、完备性，选择具有代表性的调查样本，具有挑战性，对调查结果的数据分析和应用，特别是在保证理论演绎与调查数据的契合上，具有一定的不可预见性。

1.5.2　可能的创新之处

低碳发展与公众参与研究，是近年来刚刚兴起的一项公共治理领域的新课题。本研究通过理论研究和实证研究相结合的方式，提出了构建公众参与型低碳发展机制的新命题，这一发展机制，不仅是将公众参与作为推动低碳发展的外在促进因素，而是将其作为内在于低碳发展全过程的有效实现机制。特别是在以下三个方面，具有重要的创新价值：

一是在城市尺度上，对低碳发展中政府、企业和公众关系进行整体性分析，梳理低碳发展中各主体相互影响、相互制约和相互促进关系，分析公众参与对低碳发展的重要作用。

二是对公众参与低碳发展的主体进行梳理，分析了公众参与主体的不同形态和功能，阐释了公众参与低碳发展的三种维度和作用机理，力图建立公众参与促进低碳发展的基础理论分析框架。并首次从经济层面、社会层面、哲学层面阐释低碳发展的内涵与逻辑。

三是对公众参与低碳发展战略和政策体系进行全方位设计，并从参与战略、法治建设、基础设施、宣传教育、舆论监督、社会治理、激励机制等方面提出系统的政策建议。

第2章

我国低碳发展进程和
公众参与现状

2.1 全球气候变化治理进程

2.1.1 全球气候变化问题凸显

地球气候是一个复杂的巨系统，也是一个不断演化的过程。从地质演化的角度看，气候是地球内部和外部及太阳系相互作用的一种地球表层状态特征。自45亿年前地球诞生以来，地球气候就一直处在不断演化之中。通过对地层沉积物的广泛分析，证实整个地质时期地球气候曾经历了巨大的变化。地球曾出现过多次被称为"雪球"的大冰期，其中最近的三次大冰期即震旦纪大冰期、石炭—二迭纪大冰期和第四纪大冰期为科学界所公认，在三次大冰期之间为温暖的大间冰期气候。寒冷的冰期同温暖的间冰期相比是短暂的，在整个地球气候史中，90%以上的年代为气候温暖期，而且比现在要温暖得多。震旦纪大冰期，发生在距今约6亿年以前，亚、欧、非、北美和澳大利亚的大部分地区，都发现了冰碛层，说明这些地方曾发生过具有世界规模的大冰川气候。寒武纪—石炭纪大间冰期，距今3亿~6亿年，当时整个世界气候都比较温暖。特别是石炭纪是古气候中典型的温暖湿润气候，森林面积极广，最后形成丰富的煤矿，树木也缺少年轮，说明气候具有海洋性特征。石炭纪时期我国全处在热带气候条件下，但到石炭纪后期，从北向南出现了湿润带、干燥带和热带三个气候带。石炭—二迭纪大冰期，距今 2 亿～3 亿年。三迭—第三纪大间冰期，距今 200 万年～2 亿年。整个中生代气候温暖，到新生代的第三纪气候更趋暖化，格陵兰也有温带树种。第三纪末期，世界气温普遍下降，整个北半球喜热植物逐渐南退。第四纪大冰期，约始于 258 万年前，大冰期中仍然是冷暖干湿交替出现的，当寒冷时期，即亚冰期，气温比现代气温平均低 8～12℃，高纬度地区为冰川覆盖，如最大的一次亚冰期（里斯冰期），世界大陆有十分之二三的面积为冰川所覆盖。两个亚冰期之间的亚间冰期，气候比现代温暖，北极气候比现代约高出 10℃ 以上，低纬度气温也比现代高，原覆盖在中纬度的冰盖消失了，退缩到极地区域，甚至极地的冰盖也消失了。冰盖退缩或消失，气候带北移，生物群落也随之北移，如北冰洋沿岸也有虎、麝香牛等喜热动物群活动，喜暖植物可一直分布到北极圈。研究表明，近 90 万年来的地球气候显著特征是存在约 10 万年一个周期的亚冰期—亚间冰期旋回，其中间冰期为 1 万年左右。科学研究发现，从亚间冰期向亚冰期过渡时，气候常呈渐变形式，其中没有清楚的界线。从亚冰期向亚间冰期过渡时，气候常呈突变形式，两者之间有明确的分界线，科学家们称为终止线。上一次"冰河时代"始于 7 万年前，在距今 1.1 万年前后出现了一条终止线，标志着最近一次亚冰期结束，随之而来的是一次新的亚间冰期，气候由冷增暖，冰川消退之后，地球气候进入了一个稳定阶段。严格来讲，目前的全新世间冰期可能只是两个亚冰期的间隔阶段，地球的两极还覆盖着厚厚的冰川，第四纪大冰期还远不能说已经结束。①

　　人类的起源与进化，以及人类文明的发展，都与全球气候变化有着密切的关系。300 万年前，当地球北部冰原开始形成时，诞生于东非地区的

---

　　① 根据《应对气候变化的科学技术问题》等著作相关内容整理。

人类祖先开始使用原始石器，大约180万年前，另一次地球的严寒时期，还是在东非，诞生了最早的人类祖先直立人，并开始从非洲向亚欧大陆的不断迁徙。而现代人的祖先晚期智人则起源于10万～20万年前的非洲，其在大约10万年前开始走出非洲，成为现代人类共同的祖先。随着1万多年前末次亚冰期结束，气候变暖、冰川消融，人类开始定居在非洲尼罗河流域、中东两河流域、中国黄河流域等大河地区，并从狩猎采集的生活方式转向全新的农业文明，在短短几千年的时间里创造出了前所未有的灿烂文明。由此可见，人类文明本身即是气候变化的产物，人类文明的发展包括人类自身的进化都受到气候因素的极大影响。

历史上地球气候的不断变化是由多种因素造成的，主要包括地球轨道变化、太阳活动、地球火山活动等。自然因素一直是地球气候变化的主导因素。但近200多年来，由于工业革命的发生，人类大规模开发利用煤炭、石油、天然气等化石能源，以及大规模的毁林开垦，排放了大量二氧化碳、甲烷等温室气体，导致地球气候正在发生首次由人类活动因素占主导的全球变暖现象。据测算，1750～2011年，全球人为累积二氧化碳排放量为2万亿吨，其中30%被海洋吸收，30%被自然陆地生态系统吸收，剩余40%仍留存在大气中。1990年成立的政府间气候变化专门委员会发布的系列评估报告，也越来越确认了这一点。人类活动对气候变化的影响已经很清晰，并且有95%的把握认为人类活动是造成当今气候变化的主要原因。①

全球气候变化导致冰川和积雪加速融化、水资源分布失衡、海平面上升，热浪、干旱、暴雨、台风等极端天气、气候灾害频发，珊瑚礁、高山生态系统、热带雨林、草原、湿地等自然生态系统受到严重的威胁，对人类生产生活造成重大不利影响。气候变化问题超出了传统环境问题的影响范围，成为当今世界最新也是最重大的环境问题。

———————————

① 详见2013年发布的政府间气候变化专门委员会第五次评估报告。

2.1.2　气候变化国际谈判进程及治理体系的构建

气候变化威胁凸显了以化石能源为基础的传统工业化模式的不可持续，引发了人类社会对自身发展方式的深刻反思。面对全球气候变化的严峻形势，国际社会一直在努力寻求合作应对之道，并且通过持续谈判达成了一系列国际协议，就控制全球温升不超过 2℃ 达成政治共识，各国也采取了多层面应对气候变化的行动。但由于气候变化是一个具有全球外部性和跨代外部性的复杂问题，全球气候治理体系的建立成为一个异常复杂曲折并不断考验人类智慧的过程。首先，由于气候系统的复杂性，同时受制于气候变化监测方法、机理认识等方面的局限，科学确定气候变化的温升目标及其相应的排放空间，以及判断未来变化趋势，具有极大的不确定性，国际社会只能以"政治共识"及持续性的风险评估来设定应对气候变化的长期目标。其次，各国及代际责任分担和利益分配问题是全球气候治理中各国博弈的焦点。当今气候变化的主要因素是发达国家自工业革命以来累积排放的温室气体，发展中国家累积排放少，但由于发展水平低、应对能力弱，更易遭受气候变化的"损失与损害"。在全球气候治理体系中，如何体现历史责任和公平原则，在剩余排放空间分配中如何向发展中国家倾斜，优先满足这些国家发展的基本需求，以及如何解决应对气候变化成本和收益的代际公平与分配问题，是气候变化国际谈判需要解决的基本问题。最后，如何解决更有效利用全球排放空间问题是全球气候治理的关键问题。在一定意义上说，排放权就是发展权，仅占世界人口 20% 左右的发达国家实现工业化，就导致了全球变暖问题，广大发展中国家在发展经济、消除贫困、实现工业化、现代化过程中，也必然需要相应的排放空间和发展空间。但在气候变化加剧和全球碳约束趋紧的情况下，发展中国家必须从全人类的根本利益出发，积极创新发展模式，以更为低碳的方式实现发展目标。如何实现发展与低碳的平衡，既不因发展而过多排碳，又不因低碳而阻碍发展，是广大发展中国家面临的紧迫课题。

围绕这些艰巨复杂的难题，国际社会已经进行了 20 多年的艰苦谈判，推动形成了积极应对气候变化的国际共识，并初步构建了全球气候治理体系。自 20 世纪 80 年代末，气候变化问题开始受到国际关注。1988 年 9 月，全球变暖问题首次成为联合国大会的议题，同年，作为一个科学机构，政府间气候变化专门委员会（Intergovernmental Panel on Climate Change，IPCC）正式成立，负责评审、评估全世界产生的有关认知气候变化方面的最新科学技术及社会经济文献，并于 1990 年发布第一份评估报告，为后续全球应对气候变化奠定了基础。1990 年 12 月，联合国批准就气候变化公约问题开展谈判，并设立了气候变化框架公约政府间谈判委员会（The Intergovernmental Negotiating Committee for a Framework Convention on Climate Change，INC/FCCC），拉开了气候变化国际谈判序幕。1992 年 6 月在巴西里约热内卢举行的联合国环境与发展大会，通过《联合国气候变化框架公约》（以下简称《公约》），确立了国际合作应对气候变化的基本法律框架以及公平原则、共同但有区别的责任原则和基于各自能力的原则。1997 年在日本京都举行的《公约》第三次缔约方大会，通过了具有法律约束力的《京都议定书》，为发达国家设立了 2008～2012 年第一承诺期强制减排温室气体的目标。2007 年在印度尼西亚巴厘岛举行的《公约》第 13 次缔约方会议，达成了进一步确认"双轨"谈判进程的"巴厘路线图"，要求在 2009 年的《公约》第 15 次缔约方会议上通过 2012～2020 年全球减排协议。2009 年的丹麦哥本哈根气候大会虽万众瞩目，但未能完成既定谈判任务，导致巴厘路线图授权的谈判进程延期。2011 年南非德班气候大会决议就实施《京都议定书》第二承诺期和启动绿色气候基金达成一致，并启动了 2020 年后全球应对气候变化框架的"德班平台"谈判。2015 年 12 月，《联合国气候变化框架公约》第 21 次缔约方会议最终达成了《巴黎气候变化协定》（以下简称《巴黎协定》），为 2020 年后全球应对气候变化行动做出安排。《巴黎协定》指出，各方将加强对气候变化威胁的全球应对，把全球平均气温

较工业化前水平升高幅度控制在 2℃之内，并为把升温控制在 1.5℃之内
而努力。全球将尽快实现温室气体排放达到峰值，21 世纪下半叶实现温
室气体净零排放。根据协定，各方将以"自主贡献"的方式参与全球应
对气候变化行动。发达国家将继续带头减排，并加强对发展中国家的资
金、技术和能力建设支持，帮助后者减缓和适应气候变化。从 2023 年开
始，每 5 年将对全球行动总体进展进行一次盘点，以帮助各国提高力度、
加强国际合作，实现全球应对气候变化长期目标。《巴黎协定》传递出
了全球将实现绿色低碳和可持续发展的积极有力信号。并且标志着全球
气候治理进入了以国家自主贡献为主要模式的新阶段。

2.1.3　我国积极参与全球气候治理进程

中国作为最大的发展中国家，一直高度重视应对全球气候变化，积极
参与国际谈判进程。从 1990 年开始，中国全程参与了气候变化国际谈判。
作为发展中国家，坚持维护发展中国家的根本利益，与"77 国集团"加强
立场协调，形成"77 国集团 + 中国"阵营，用同一个声音说话，促成在
《公约》中明确了"共同但有区别的责任"原则，为 1992 年巴西里约联合
国环境与发展大会上《公约》的达成发挥了重要作用，并成为最早批准
《公约》的 10 个国家之一。1994 年 3 月 21 日《公约》正式生效后，中国
积极参与缔约方谈判，在谈判中，中国坚持维护《公约》确立的"共同但
有区别的责任"原则，认为发达国家对气候变化问题负有不可推卸的历史
责任，应完成自身减缓温室气体排放义务，认为发达国家完成自身减缓温
室气体排放义务和向发展中国家提供履约需要的资金、技术，是《公约》
进程的第一步。中国作为发展中国家，首要任务是实现经济社会的发展，
满足人民生活的基本需要，不承担减排温室气体的强制义务。尽管中国人
均排放水平很低，但还是采取了节能、提高能效、植树造林、控制人口增
长等措施，设法逐步减缓温室气体排放增长率。在"77 集团 + 中国"等广
大发展中国家积极推动下，1997 年日本京都第三次缔约方会议达成《京都

议定书》，为发达国家规定了具有约束力温室气体减排目标和时间表，推动全球应对气候变化取得实质性进展。此后，围绕《京都议定书》生效和后续机制谈判，中国积极参与，坚持维护《公约》和《京都议定书》的权威性和完整性，为促进全球气候治理体系建设做出了积极贡献。

2007 年，IPCC 发布了第四次评估报告，进一步促进了各国对气候变化问题认识的提升。2007 年 12 月，《公约》第 13 次缔约方会议在印度尼西亚巴厘岛举行。中国积极参与"巴厘路线图"谈判进程，在谈判中坚持公约和议定书双轨谈判机制，坚持"共同但有区别的责任"原则，要求发达国家必须率先大幅量化减排，切实完成第一承诺期减排目标并做出第二承诺期承诺，同时，向发展中国家提供资金和技术支持。中国作为发展中国家，不承诺总量减排，但做出了到 2020 年碳强度比 2005 年减少 40% ~ 45% 的国际承诺。

2011 年，在南非德班召开的《联合国气候变化框架公约》第 17 次缔约方会议期间，中国积极发挥负责任大国作用，在气候变化国际治理中的角色日益突出，话语权明显增强，为推动气候变化国际谈判进程和最终达成《巴黎协定》发挥了至关重要的作用。中国积极负责任的态度得到了国际社会的广泛认可，广泛开展与各国的对话和合作，通过"南南合作"帮助发展中国家提高应对气候变化能力。

从国际气候治理体系构建过程看，中国的角色和地位越来越凸显，一方面，我国温室气体排放总量大、增速快，目前总量已居世界第一位，超过第二排放大国美国 44%。在这种情况下，国际谈判中要求中国等新兴发展中大国减排的呼声增大，中国在国际谈判中成为各方关注的焦点。另一方面，随着中国综合国力的提升，中国在国际谈判中的话语权不断增强，中国在气候变化国际谈判中的角色定位，随着中国在世界经济中地位的不断上升而日渐吃重，在国际谈判中也逐渐从一个"跟随者"上升到"主力军"，进而成为"游戏的主要玩家"。

同时，中国也认识到，加快低碳发展是中国可持续发展的内在需求。中国是最易受气候变化不利影响的国家之一。近 10 年，中国因极端天气气候事件造成的年均经济损失达 2000 多亿元，年均死亡 2000 余人。积极应对气候变化，对于保障人民生命财产安全具有重要意义，同时，低碳发展采取的政策措施与中国推动科学发展的政策取向是完全一致的，就是要优化产业结构，节约能源、提高能源利用效率，大力发展低碳能源，加强生态保护和建设。这不仅是对人类生存和长远发展负责的需要，更是中国实现可持续发展的自身需要。

中国积极参与全球气候治理进程，但发展中国家的身份没有改变。尽管中国经济总量已跃居全球第二、温室气体排放总量成为第一大国，但人均国内生产总值排名仍在全球 76 名，人均碳排放量仅相当于美国的 1/3，人均历史累积排放更少，中国并非当前全球气候变化的主要责任者，但未来责任将逐渐加大。且中国尚未完成工业化、城镇化的历史任务，以新的贫困标准衡量仍有几千万人尚待脱贫，现阶段中国不应承担绝对量减排的强制减排义务，但为了全人类的共同利益和子孙后代的幸福，中国已不可能重复发达国家高碳排放的工业化老路，而必须加快发展模式创新，探索出一条新的绿色低碳发展道路，在实现自身可持续发展的同时，也为其他发展中国家提供经验、做出榜样。

2.2　我国低碳发展历史进程

2.2.1　我国低碳发展政策体系的逐步建立

自 1992 年《联合国气候变化框架公约》签署以来，中国应对气候变化政策随着经济社会发展阶段的变化，经历了一个从起步、突破再到成型的发展过程。

一是应对气候变化工作起步期（2007 年以前）。这一时期是中国加快经济发展，加速推进工业化、城镇化的关键时期，国内应对气候变化行动主要围绕支撑国际谈判、提高应对气候变化认识和能力、探索协同性减碳措施而展开。1990 年，中国在当时的国务院环境保护委员会下设立了国家气候变化协调小组，负责对气候变化的影响进行评估和对《联合国气候变化框架公约》谈判做出策略回应。1998 年，国务院成立了由国家发展计划委员会牵头的国家气候变化对策协调小组，并于 2003 年进行了调整，参与部门扩充至 15 个，专门负责应对气候变化的协调工作。这一机构变革表明，中国将气候变化不只是作为环境问题来应对，而是作为关系到国家发展的宏观战略问题来研究。在国内行动方面，加强气候变化的科学研究、积极参与"全球气候观测系统计划"，将气候变化纳入科技研发的重点领域，通过"863"计划和"973"计划等国家科技计划，加大资金投入；制定和修订了森林法、环境保护法等一系列与气候变化有关的法律法规；加快推进可持续发展，优化产业结构，提倡节能增效，加大对气候变化问题的宣传和教育力度，积极开展双边和多边的多层次国际合作。

二是应对气候变化工作突破期（2007～2010 年）。这一时期，正是中国全力应对国际金融危机不利影响、推动经济复苏的关键时期，但气候变化问题开始受到高度重视，在经济社会发展中的地位显著提升。2007 年 6 月，国务院成立了国务院总理为组长、各有关部门参加的国家应对气候变化工作领导小组，负责研究制定国家应对气候变化的重大战略、方针和对策，统一部署应对气候变化工作等。2007 年 6 月 18 日，国务院印发《中国应对气候变化国家方案》，这是中国第一部国家级应对气候变化综合性文件，也是发展中国家第一部国家方案。该方案明确了中国到 2010 年应对气候变化的具体目标、基本原则、重点领域及其政策措施，标志着中国应对气候变化工作逐步向系统性和全面性转变。2008 年，新组建后的国家发展和改革委员会设立了应对气候变化司，专门负责统筹协调和归口管理应对气候变化工作。在此基础上，应对气候变化工作全面展开。

总的来说，这一阶段，中国应对气候变化在重视程度、管理体系、能力建设、实践探索、国际合作等方面均有了质的提高，为应对气候变化战略的形成创造了重要条件。

三是应对气候变化战略形成期（2011 年至今）。2011 年是"德班平台"谈判的开启之年，也是中国第十二个五年规划的起始之年，对中国气候变化战略的形成来说，具有标志性意义。这一时期，气候变化问题上升为关乎社会经济发展的重大议题，从完善顶层设计到全面推动目标落实，再到大力推进国际气候治理进程，积极应对气候变化成为中国转变经济发展方式、落实生态文明建设的重要抓手，总体战略架构逐步形成。2011 年 3 月发布的《中华人民共和国国民经济和社会发展第十二个五年规划纲要》，首次将碳强度下降目标作为约束性指标纳入，并将应对气候变化单独成章，表明积极应对气候变化已成为国家战略的重要内容。为实现"十二五"低碳发展目标任务，国务院首次编制印发了《"十二五"控制温室气体排放工作方案》，就应对气候变化工作进行了全面部署，制定并实施了《国家应对气候变化规划（2014—2020 年)》《国家适应气候变化战略》，确立了 2020 年前中国应对气候变化工作的顶层设计。2015 年，中国颁布《强化应对气候变化行动——中国国家自主贡献》，提出了二氧化碳排放 2030 年左右达到峰值并争取尽早达峰等目标，以及实现目标的政策措施。2012～2015 年，国家发展和改革委员会组织开展了中国低碳发展宏观战略研究，对中国到 2020 年、2030 年和 2050 年低碳发展总体态势进行分析判断，研究提出中国低碳发展的分阶段目标任务、实现途径、政策体系、保障措施等。2016 年，国务院印发了《"十三五"控制温室气体排放工作方案》，对 2016～2020 年控制温室气体排放做出全面部署。在节能、发展非化石能源、增加森林碳汇等行动方面，中国全面发力，取得了超常规的迅猛发展。为探索中国低碳发展新路径、新模式，开展了低碳省区和城市、低碳工业园区、低碳社区、低碳城（镇）和碳排放权交易等多层次试点，为探索新型工业化和新型城镇化道路积累经验。

2.2.2　我国低碳发展取得的积极进展

1. 我国温室气体排放总体态势

温室气体排放主要来自能源使用特别是化石能源消费，而能源消费增长与经济社会发展趋势密切相关。改革开放以来，中国经济发展取得了举世瞩目的成就，国内生产总值由 1978 年的 3678.7 亿元增长到 2015 年的 64.4 万亿元，增长了 174 倍，年均增速高达 9.7%，已成为全球第二大经济体，人均国内生产总值由 155.2 美元增长到 7924.7 美元，近 7 亿人摆脱了极端贫困状态。工业化和城镇化取得了重大进展，产业结构不断优化，1978 年三次产业比重为 27.7∶47.7∶24.6，2005 年转变为 11.6∶47∶41.3，2015 年进一步优化为 9∶40.5∶50.5。中国已成为全球制造业第一大国，在 500 余种主要工业产品中，有 220 多种产量位居世界第一。城镇化水平显著提升，城镇人口由 1978 年的 1.7 亿人增加到 2015 年的 7.7 亿人，城镇化率由 17.9% 提高到 56.1%，实现了从农业文明向工业文明、乡土社会向城市文明的重大转变。[①]

随着中国经济持续快速发展，工业化、城镇化进程不断推进，能源消费总量不断走高。1978 年，中国能源消费总量为 5.7 亿吨标准煤，2000 年达到 14.7 亿吨标煤，2005 年达到 26.1 亿吨标准煤，2015 年达到 43 亿吨标准煤。从结构看，煤炭是中国能源消费的主力，占能源消费的比重一直保持在 70% 左右，1980 年为 72.2%，2006 年达到 72.4%，2015 年比重降低为 64%。石油消费比重基本保持稳定，天然气消费比重近年有所上升，从 1980 年 3.1% 上升到 2015 年的 5.83%[②]

由于能源消费总量快速增长和以煤为主的能源结构，中国温室气体排放持续攀升。根据中国温室气体排放清单数据，1994 年中国温室气体排放总量（不包括土地利用变化和林业）约为 40.57 亿吨二氧化碳当量，土地利用变化和林业领域的温室气体吸收汇约为 4.07 亿吨二氧化碳当量。考虑温室气体吸收汇后，1994 年中国温室气体净排放总量约为 36.5 亿吨二氧化碳当量，其中二氧化碳、甲烷和氧化亚氮所占比重分别为 73.1%、19.7%、7.2%。2005 年中国温室气体排放总量（不包括土地利用变化和林业）约为 74.67 亿吨二氧化碳当量，土地利用变化和林业领域的温室气体吸收汇约为 4.21 亿吨二氧化碳当量。考虑温室气体吸收汇后，2005 年中国温室气体净排放总量约为 70.46 亿吨二氧化碳当量，其中二氧化碳、甲烷、氧化亚氮和含氟气体所占比重分别为 78.8%、13.3%、5.6%、2.3%。

①② 国家统计局：《中国统计年鉴 2016》，中国统计出版社 2016 年版。

2012年中国温室气体排放总量（不包括土地利用变化和林业）为118.96亿吨二氧化碳当量，其中，二氧化碳、甲烷、氧化亚氮、氢氟碳化物、全氟化碳和六氟化硫所占的比重分别为83.2%、9.9%、5.4%、1.3%、0.1%、0.2%；土地利用变化和林业的温室气体吸收汇约为5.76亿吨二氧化碳当量，考虑温室气体吸收汇后，温室气体净排放总量为113.2亿吨二氧化碳当量。[①] 2012年中国温室气体总量及构成见表2-1和表2-2。

表2-1　　　　2012年中国温室气体总量（亿吨二氧化碳当量）　　　单位：%

排放活动	二氧化碳	甲烷	氧化亚氮	氢氟碳化物	全氟化碳	六氟化硫	合计
能源活动	86.88	5.79	0.69				93.37
工业生产过程	11.93	0.00	0.79	1.54	0.12	0.24	14.63
农业活动		4.81	4.57				9.38
废弃物处理	0.12	1.14	0.33				1.58
土地利用变化和林业	-5.76	0.00	0.00				-5.76
总量（不包括土地利用变化和林业）	98.93	11.74	6.38	1.54	0.12	0.24	118.96
总量（包括土地利用变化和林业）	93.17	11.74	6.38	1.54	0.12	0.24	113.20

注：①阴影部分不需填写，0.00表示计算结果小于0.005，由于四舍五入的原因，表中各分项和与总计可能有微小的出入。②全球增温潜势值采用《IPCC第二次评估报告》中100年时间尺度下的数值。

资料来源：《中华人民共和国气候变化第一次两年更新报告》，http://qhs.ndrc.gov.cn/dtjj/201701/t20170123_836104.html。

表2-2　　　　　　　2012年中国温室气体排放构成

温室气体	不包括土地利用变化和林业		包括土地利用变化和林业	
	二氧化碳当量（亿吨）	比重（%）	二氧化碳当量（亿吨）	比重（%）
二氧化碳	98.93	83.2	93.17	82.3
甲烷	11.74	9.9	11.74	10.4
氧化亚氮	6.38	5.4	6.38	5.6
含氟气体	1.91	1.6	1.91	1.7
合计	118.96		113.20	

注：由于四舍五入的原因，表中各项比重之和可能不足或高于100%。

资料来源：《中华人民共和国气候变化第一次两年更新报告》，http://qhs.ndrc.gov.cn/dtjj/201701/t20170123_836104.html。

---

① 《中华人民共和国气候变化第一次两年更新报告》，http://qhs.ndre.gov.cn/dtjj/201701/t20170123_836104.html。

能源活动是中国温室气体排放的主要来源，2012 年中国能源活动排放量占温室气体总排放量（不包括土地利用变化和林业）的 78.5%，工业生产过程、农业活动和废弃物处理的温室气体排放量所占比重分别为 12.3%、7.9%、1.3%（见图 2 - 1）。

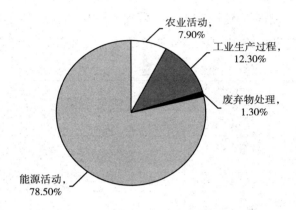

图 2 - 1　2012 年中国温室气体排放部门构成

资料来源：《中华人民共和国气候变化第一次两年更新报告》，http://qhs. ndrc. gov. cn/dtjj/201701/t20170123_836104. html。

据测算，自 2007 年起，中国已超越美国成为全球温室气体排放第一大国，根据国际能源署数据，2013 年中国占全球能源消费二氧化碳排放总量的比重达 28%。从人均碳排放看，1990 年中国人均碳排放为 2.2 吨，2005 年达 4.4 吨，2010 年为 6.6 吨，2013 年达 7.6 吨，[①] 已超过世界平均水平。

从发展趋势看，近年来，中国经济增速放缓、发展方式和能源结构加速转型，能源消费总量和碳排放增速已大幅放缓。2000～2005 年，中国能源消费总量和碳排放年均增长 12.2%、12.4%，2006～2010 年为 5.9%、7.6%，2011～2014 年进一步降低为 3.2%、1.9%。[②] 未来中国要实现 2050 年全面实现现代化的经济社会发展目标，城镇化率还将进一步提高、能源消费和碳排放总量在一个时期内还将继续增加，但由于中国经济发展已从追求总量扩张到追求质量提升阶段的转变，能源结构不断优化，碳排

①　世界银行网站，包括化石燃料燃烧和水泥生产过程排放。
②　国家气候战略中心根据国家统计局有关数据计算。

放增速将进一步减缓，并将在 2030 年左右达到峰值。从全球累计排放看，中国 1991 年以来的累计排放虽显著增加，但截至 2012 年，美欧自 1975 年以来的累计排放量之和仍然是中国的 5 倍，到 2030 年依然达 2.6 倍。从人均累计排放量看，中国 1751～2030 年人均累计排放将达到 200 吨二氧化碳，美国超过 1200 吨，而欧盟超过 770 吨，美国、欧盟分别是中国的 6 倍和 3.9 倍。[①]

2. 我国低碳发展取得的成效

随着应对气候变化工作日益加强，我国在减缓、适应、能力建设等方面取得了显著成效。

一是经济发展的碳强度显著降低。1990 年以来，我国的碳排放强度总体来说逐步降低，但 2000～2005 年碳强度有所上升。按 2005 年可比价格计算，2001 年能源强度为 1.22 吨标准煤/万元，2005 年上升至 1.4 吨标准煤/万元，碳强度则由 2001 年的 2.78 吨二氧化碳/万元升至 3.24 吨二氧化碳/万元。2006 年以来，中国节能降耗工作明显加大，实现了碳强度大幅下降。据测算，2015 年单位国内生产总值碳排放强度比 2005 年累计下降 39.5%，预计到 2020 年，我国控制温室气体排放行动目标有望超额完成。[②]

二是非化石能源比重显著提升。可再生能源发展迅猛，截至 2015 年，水电装机达到 3.2 亿千瓦，核电装机 2717 万千瓦，并网风电装机 1.3 亿千瓦，并网太阳能发电 4218 万千瓦，比 2005 年分别增长 1.7 倍、3 倍、82 倍和 600 倍，可再生能源发电总装机容量从 2005 年的 1.21 亿千瓦增加到 4.9 亿千瓦，在全国总发电装机中的比重由 23.3% 增加到 32.6%。2015 年非化石能源占能源消费比重达到 12%，比 2005 年提高了 4.6 个百分点；水电、核电、风电、太阳能发电发电量占全国发电总量的比重达到 27%。[③]

---

① 邹骥：《论全球气候治理》，中国计划出版社 2015 年版，第 20 页。
②③ 田成川：《道生太极：中美气候变化战略比较》，人民出版社 2017 年版，第 10 页。

三是节能工作成效显著。能源利用效率不断提高。1991～2013 年，中国以年均 6% 的能源增速支撑了年均 10.2% 的经济增速，单位国内生产总值能耗累计下降 59%。据世界银行报告分析，1991～2010 年，中国累计节能量占全球总节能量的 58%。"十二五"时期，节能降耗成效进一步显现，单位国内生产总值能耗累计下降 18.2%，超额完成目标任务，累计节能 8.6 亿吨标准煤，以年均 3.6% 的能源消费增速，支撑了国民经济 7.8% 的增长。以 2015 年为例，单位国内生产总值能耗和电耗分别下降 5.6%、6.0%，全国规模以上工业单位增加值能耗比上年降低 8.4%，[①] 这三个指标均为 2005 年实行节能降耗约束性管理以来降幅最大的。

四是森林碳汇大幅增加。通过加快推进造林绿化、开展森林抚育经营、加强森林资源管理、强化森林灾害防控等措施，森林碳汇大幅增加。根据第 8 次全国森林资源清查（2009～2013 年）结果，截至 2013 年底，全国森林覆盖率达 21.6%，比 1993 年第 4 次全国森林资源清查（1989～1993 年）增加了 7.7 个百分点；森林蓄积量达 151.37 亿立方米，比 1993 年增加 50 亿立方米。

2.2.3 我国低碳发展面临的问题和挑战

尽管我国低碳发展取得了积极进展，但同时也要看到，中国作为一个人口众多、经济发展水平低、生态环境脆弱，易受气候变化不利影响的发展中国家，正处于经济快速发展阶段，面临着发展经济、消除贫困和应对气候变化等多重历史任务。中国推进低碳发展特别是 2030 年左右实现碳排放达到峰值的目标，还面临着艰巨的挑战。

第一，我国工业化、城市化的历史任务尚未完成，能源消费和碳排放还处在刚性增长的阶段。从各国经验看，经济发展与碳排放的关系依次要经历碳排放强度峰值、人均碳排放量峰值和碳排放总量峰值 3 个阶段。目

---

① 国家发展改革委环资司报告。

前，我国正处于工业化中后期阶段，虽然工业增加值在国内生产总值中的比重已开始逐步下降，但工业增长仍然较快，主要工业产品特别是重化工业产品产量仍未达到峰值，与此同时，城市化正处于加速发展的中期阶段，城市化水平尚不足60%，基础设施建设仍在大规模进行。这些都对资源和能源形成了巨大需求。中国目前已经跨越了碳排放强度的峰值阶段，人均碳排放量和碳排放总量峰值还未到来。

第二，高碳能源占比偏高，能源结构低碳化任务艰巨。我国的能源资源禀赋特征是"富煤、贫油、少气"。2008年，我国的能源消费中，煤炭占68.67%，石油和天然气分别占18.78%、3.77%。我国对煤炭的依赖远大于世界其他国家。近年来，我国在大力推动发展天然气和可再生能源，但以煤为主的能源消费结构在很长一段时间内不可能得到根本改变，中国将比其他工业化国家付出更大的碳排放代价来实现经济发展。煤的碳密度比其他化石燃料要高，在产生同等热量的情况下，煤、石油和天然气排放的二氧化碳的比例大致是5∶4∶3。据计算，每燃烧1吨煤炭会产生的二氧化碳，比石油和天然气每吨多30%、70%。由于能源消费结构中煤炭所占的比重较大，因此我国二氧化碳排放强度也相对较高。同时，水电、核电、风能、太阳能等低碳能源虽然发展迅速，但所占比重仍然较低，截至2016年底，我国非化石能源占到一次能源消费总量的13.3%，比例仍然较低。

第三，现有发展模式形成了一定的"锁定效应"，增加了推进低碳发展的困难。由于整个社会的生产消费系统对化石能源具有很强的"路径依赖"，我国经济由"高碳"向"低碳"转变还将面临"锁定效应"的制约。中国高出口、高投资的经济发展模式，很容易被锁定在高能耗、高污染、高排放的路径上。由于经济规模巨大，基于化石燃料的技术和制度基础就具有更大的惯性。同时，政府"越位""缺位"问题存在，体制变革难度大，容易形成体制的"路径依赖"，转变经济发展方式任务艰巨。2013年以来，雾霾问题凸显，包括北京在内的许多城市常常被雾霾笼罩，雾霾的产生与化石能源的使用密切相关，特别是与煤炭和天然气燃烧排放、汽车尾气排放密切相关，属于典型的高碳发展问题，尽管近年来中国不断加大空气污染治理的力度，大力调整产业结构和能源结构，取得了积极进展，但由于发展方式的转变非一朝一夕能够完成，雾霾仍是目前备受社会各界关注的突出环境问题，其治理成功也需要经过一个较长的过程。

第四，全社会对低碳发展的认识还不到位，公众参与能力和水平偏低。由于中国经济社会发展所处的阶段性特征，发展经济受到全社会的高度重视，对低碳发展和应对气候变化工作重要性、紧迫性的认识，还没有形成全社会的高度共识，特别是一些地方将发展经济与控制温室气体排放、低碳发展对立起来，担心控制温室气体排放会影响经济发展的速度，低碳发展在一些地区流于形式和表面文章。同时，由于低碳发展是一项新的工作，公众的认识也还不全面、不深入，公众参与的主体意识不强，低碳发展工作还处在起步阶段，相关法律法规和工作机制尚不完善，公众参与的渠道尚未完全畅通，参与的形式和内容比较单一，作用发挥有限。

2.3 我国低碳发展公众参与现状

2.3.1 公众参与低碳发展的有关法律制度规定

公众参与低碳发展，离不开法律法规和政策的支持、引导。我国低碳发展的历程不长，公众参与低碳发展的相关制度和政策还都在发展完善过程中，但在环境保护等相关领域，已经有一些公众参与的规定和做法纳入了相关法律法规，特别是在近年来国家出台的一些规划和政策文件中，倡导公众参与已经成为国家推动低碳发展的重要内容。

1. 相关法律规定

《中华人民共和国宪法》第二条第三款规定，"人民依照法律规定，通过各种途径和形式，管理国家事务，管理经济和文化事业，管理社会事务"。低碳发展是我国经济社会发展一项重要的管理事务。这为公众参与低碳发展奠定了重要的法律基础。目前,我国还没有针对低碳发展或应对气候变化的专门立法,与低碳发展相关的法律法规主要包括以下三类。

(1)环境保护类法律。

我国现行的《中华人民共和国环境保护法》(以下简称《环境保护法》)设立专章规定了信息公开和公众参与的内容。《环境保护法》(2014年修订)第五条规定:"环境保护坚持保护优先、预防为主、综合治理、公众参与、损害担责的原则。"第三十六条和三十八条从公众行为的角度提出了公众参与环境保护的要求。第三十六条提出:国家鼓励和引导公民、法人和其他组织使用有利于保护环境的产品和再生产品,减少废弃物的产生。第三十八条规定:公民应当遵守环境保护法律法规,配合实施环境保护措施,按照规定对生活废弃物进行分类放置,减少日常生活对环境造成的损害。第五章规定了"信息公开和公众参与"法律安排,共六条。第五十三条规定:公民、法人和其他组织依法享有获取环境信息、参与和监督环境保护的权利。各级人民政府环境保护主管部门和其他负有环境保护监督管理职责的部门,应当依法公开环境信息、完善公众参与程序,为公民、法人和其他组织参与和监督环境保护提供便利。第五十四条规定:国务院环境保护主管部门统一发布国家环境质量、重点污染源监测信息及其他重大环境信息。省级以上人民政府环境保护主管部门定期发布环境状况公报。县级以上人民政府环境保护主管部门和其他负有环境保护监督管理职责的部门,应当依法公开环境质量、环境监测、突发环境事件以及环境行政许可、行政处罚、排污费的征收和使用情况等信息。县级以上地方人民政府环境保护主管部门和其他负有环境保护监督管理职责的部门,应当将企业事业单位和其他生产经营者的环境违法信息记入社会诚信档案,及时向社会公布违法者名单。第五十五条规定:重点排污单位应当如实向社会公开其主要污染物的名称、排放方式、排放浓度和总量、超标排放情况,以及防治污染设施的建设和运行情况,接受社会监督。第五十六条规定:对依法应当编制环境影响报告书的建设项目,建设单位应当在编制时向可能受影响的公众说明情况，充分征求意见。负责审批建设项目环境影响评价文件的部门在收到建设项目环境影响报告书后，除涉及国家秘密和商业秘密的事项外，应当全文公开；发现建设项目未充分征求公众意见的，应当责成建设单位征求公众意见。第五十七条规定：公民、法人和其他组织发现任何单位和个人有污染环境和破坏生态行为的，有权向环境保护主管部门或者其他负有环境保护监督管理职责的部门举报。公民、法人和其他组织发现地方各级人民政府、县级以上人民政府环境保护主管部门和其他负有环境保护监督管理职责的部门不依法履行职责的，有权向其上级机关或者监察机关举报。接受举报的机关应当对举报人的相关信息予以保密，保护举报人的合法权益。第五十八条规定了环境法律诉讼的有关事宜：对污染环境、破坏生态，损害社会公共利益的行为，符合下列条件的社会组织可以向人民法院提起诉讼：①依法在设区的市级以上人民政府民政部门登记；②专门从事环境保护公益活动连续五年以上且无违法记录。符合前款规定的社会组织向人民法院提起诉讼，人民法院应当依法受理。提起诉讼的社会组织不得通过诉讼牟取经济利益。

《中华人民共和国大气污染防治法》（2015 年修订）第七条第二款规定：公民应当增强大气环境保护意识，采取低碳、节俭的生活方式，自觉履行大气环境保护义务。第三十一条规定了公民举报有关事项，第五十条第一款规定了国家倡导低碳环保出行的政策导向：国家倡导低碳、环保出行，根据城市规划合理控制燃油机动车保有量，大力发展城市公共交通，提高公共交通出行比例。

其他相关的法律包括：《中华人民共和国清洁生产促进法》（2002 年颁布）（第六条第二款、第十六条第二款、第三十条）；《中华人民共和国草原法》（2013 年修订）（第五条）；《中华人民共和国森林法》（1998 年修订）（第十一条、第十二条）；《中华人民共和国野生动物保护法》（2016 年修订）（第五条第二款、第六条、第九条）；《中华人民共和国水土保持法》（2010 年修订）（第八条、第九条、第三十三条）；《中华人民共和国防沙治沙法》（2002 年颁布）（第三条、第八条、第二十四条、第三十三条）；《中华人民共和国固体废物污染环境防治法》（2016 年修订）（第八条、第九条）；《中华人民共和国水法》（2016 年修订）（第六条、第八条第三款、第十一条）；《中华人民共和国水污染防治法》（2017 年修订）（第十一条）；《中华人民共和国环境影响评价法》（2016 年修订）（第五条、第十一条、第二十一条）；《中华人民共和国海洋环境保护法》（2016年修订）（第四条）；《中华人民共和国循环经济促进法》（2008 年颁布）（第三条、第十条、第四十六条第一款）

（2）能源开发、利用相关法律。

2016 年修订的《中华人民共和国节约能源法》第八条第二款规定：国家开展节能宣传和教育，将节能知识纳入国民教育和培训体系，普及节能科学知识，增强全民的节能意识，提倡节约型的消费方式。第九条提出：任何单位和个人都应当依法履行节能义务，有权检举浪费能源的行为。新闻媒体应当宣传节能法律、法规和政策，发挥舆论监督作用。

《中华人民共和国可再生能源法》（2009 年修订）第九条规定了可再生能源开发利用规划编制有关事项，其中第二款提出：组织编制机关应当征求有关单位、专家和公众的意见，进行科学论证。

（3）行政法规及部门规章。

2015 年颁布的《环境保护公众参与办法》（以下简称《办法》）由环境保护部根据《中华人民共和国环境保护法》及有关法律法规制定，是我国公众参与环境事务的重要依据。《办法》的出台，有助于切实保障公民、法人和其他组织获取环境信息、参与和监督环境保护的权利，畅通参与渠道，规范引导公众依法、有序、理性参与，促进环境保护公众参与更加健康地发展。《办法》共 20 条，主要内容依次为：立法目的和依据，适用范围，参与原则，参与方式，各方主体权利、义务和责任，配套措施。《办法》明确规定了环境保护主管部门可以通过征求意见、问卷调查，组织召开座谈会、专家论证会、听证会等方式开展公众参与环境保护活动，并对各种参与方式作了详细规定，贯彻和体现了环保部门在组织公众参与活动时应当遵循公开、公平、公正和便民的原则。《办法》支持和鼓励公众对环境保护公共事务进行舆论监督和社会监督，规定了公众对污染环境和破坏生态行为的举报途径，以及地方政府和环保部门不依法履行职责的，公民、法人和其他组织有权向其上级机关或监察机关举报。为调动公众依法监督举报的积极性，《办法》要求接受举报的环保部门，要保护举报人的合法权益，及时调查情况并将处理结果告知举报人，并鼓励设立有奖举报专项资金。《办法》的出台，让公众参与环保事务的方式更加科学规范，参与渠道更加通畅透明，参与程度更加全面深入。

与公众参与有关的其他行政法规还包括：《环境信访办法》（2006 年颁布）；《民用建筑节能条例》（2008 年颁布）；《公共机构节能条例》（2008 年颁布）；《建设项目环境保护管理条例》（2017 年修改）；《企业事业单位环境信息公开办法》（2014 年颁布）；《环境影响评价公众参与暂行办法》（2006 年颁布）；《环境信息公开办法（试行）》（2007 年颁布）、《环境保护公共事业单位信息公开实施办法（试行）》（2010 年颁布）、《中国节能产品认证管理办法》（1999 年颁布）、《重点用能单位节能管理办法》（1999 年颁布）；《节约用电管理办法》（2000 年颁布）；《民用建筑节能管理规定》（2005 年修改）等。

从我国有关公众参与的法律法规看，除《中华人民共和国环境保护法》外，其他立法基本只有一两条涉及公众参与，主要是公众开展环境保护、节约能源相关的义务；监督、检举和控告的权利；政府开展相关的表彰奖励、制定优惠政策等，而对公众参与的具体内容及有关程序、保障措施等方面规定较简单。环境保护部 2015 年颁布的《环境保护公众参与办法》，在一定程度上弥补了有关法律规定的不足，但其总计二十条，主要是对公众参与环境保护的具体领域、基本程序及政府职责的大致规定，在立法效力、内容可操作性等方面都有待提升。

此外，在地方层面，河北、山西等省以及沈阳、昆明等城市相继出台了关于公众参与环境保护的条例或其他形式的法规，对本地区公众参与的范围、形式、内容、程序等方面做出规定，使公众参与更加规范化、制度化、理性化，促进了本地区环境事务的公众参与。

2. 规划和政策性文件

《国家应对气候变化规划（2014—2020 年）》（以下简称《规划》）是我国第一部气候变化领域的国家专项规划，该规划由国家发展改革委组织编制，经国务院批准后，印发各省级人民政府实施。《规划》将"坚持政府引导和社会参与紧密结合"作为我国应对气候变化工作的一项基本原则，提出"发挥政府在应对气候变化工作中的引导作用，形成有效的激励机制和良好的舆论氛围。充分发挥企业、公众和社会组织的作用，形成全社会积极应对气候变化的合力"。第三章"控制温室气体排放"第九节为"倡导低碳生活"，从"鼓励低碳消费""开展低碳生活专项行动""倡导低碳出行"三个方面进行了专门论述。第九章"加强能力建设"第三节为"加强教育培训和舆论引导"，内容包括：加强教育培训，将应对气候变化教育纳入国民教育体系，推动应对气候变化知识进学校、进课堂，普及应对气候变化科学知识。加强应对气候变化培训工作，提高政府官员、企业管理人员、媒体从业人员及相关专业人员应对气候变化意识和工作能力。开展应对气候变化职业培训，将低碳职业培训纳入国家职业培训体系。营造良好氛围。大力宣传低碳发展和应对气候变化先进典型及成功经验。积极发挥社会组织作用，促进公众和社会各界参与应对气候变化行动。建立鼓励公众参与应对气候变化的激励机制，拓展公众参与渠道，创新参与形式。做好"全国低碳日"等宣传活动。完善应对气候变化信息发布渠道和制度，增强有关决策透明度。充分发挥媒体监督作用。发挥新型媒体在气候变化宣传中的作用。

2011 年，国务院印发《"十二五"控制温室气体排放工作方案》，该方案是我国首次由国务院发布的关于控制温室气体排放的重大政策文件，在我国应对气候变化政策发展史上具有重大的开创性意义。该方案第六部分为"大力推动全社会低碳行动"，其中包括：发挥公共机构示范作用。各级国家机关、事业单位、团体组织等公共机构要率先垂范，加快设施低碳化改造，推进低碳理念进机关、校园、场馆和军营。逐步建立低碳产品政府采购制度，将低碳认证产品列入政府采购清单，完善强制采购和优先采购制度，逐步提高低碳产品比重。推动行业开展减碳行动。钢铁、建材、电力、煤炭、石油、化工、有色、纺织、食品、造纸、交通、铁路、建筑等行业要制订控制温室气体排放行动方案，按照先进企业的排放标准对重点企业要提出温室气体排放控制要求，研究确定重点行业单位产品（服务量）温室气体排放标准。选择重点企业试行"碳披露"和"碳盘查"，开展"低碳标兵活动"。提高公众参与意识。利用多种形式和手段，全方位、多层次加强宣传引导，研究设立"全国低碳日"，大力倡导绿色低碳、健康文明的生活方式和消费模式，宣传低碳生活典型，弘扬以低碳为荣的社会新风尚，树立绿色低碳的价值观、生活观和消费观，使低碳理念广泛深入人心，成为全社会的共识和自觉行动，营造良好的舆论氛围和社会环境。

2016 年国务院印发《"十三五"控制温室气体排放工作方案》，根据我国经济社会发展新的形势和任务，进一步完善了相关政策体系。第四部分"推动城镇化低碳发展"中，对低碳生活方式做出了具体要求，提出：倡导低碳生活方式。树立绿色低碳的价值观和消费观，弘扬以低碳为荣的社会新风尚。积极践行低碳理念，鼓励使用节能低碳节水产品，反对过度包装。提倡低碳餐饮，推行"光盘行动"，遏制食品浪费。倡导低碳居住，推广普及节水器具。倡导"135"绿色低碳出行方式（1 公里以内步行，3 公里以内骑自行车，5 公里左右乘坐公共交通工具），鼓励购买小排量汽车、节能与新能源汽车。该方案的另外一个特色是将宣传引导作为保障目标任务落实的重大举措进行了论述，提出：加强应对气候变化国内外宣传和科普教育，利用好全国低碳日、联合国气候变化大会等重要节点和新媒体平台，广泛开展丰富多样的宣传活动，提升全民低碳意识。加强应对气候变化传播培训，提升媒体从业人员报道的专业水平。建立应对气候变化公众参与机制，在政策制定、重大项目工程决策等领域，鼓励社会公众广泛参与，营造积极应对气候变化的良好社会氛围。

"十二五"时期、"十三五"时期,国家还制定了节能减排规划或综合性工作方案,对节能环保领域的公众参与任务进行了部署。另外,在《国务院关于落实科学发展观加强环境保护的决定》(2005 年颁布)、《关于推进环境保护公众参与的指导意见》(2014 年颁布)、《国家环境保护"十一五"规划》(2007 年颁布)、《"十三五"生态环境保护规划》(2016 年颁布)等文件中,也都涉及公众参与等相关内容。

2.3.2 公众参与低碳发展的经验与做法

公众作为低碳发展最重要的利益相关者,参与低碳发展不仅是自身权利的一种体现,也是加快低碳发展进程的关键环节,是历史发展的必然选择。我国公众参与低碳发展的理论探索和实践始于 20 世纪 90 年代,最初的理论研究多以引介相关理论和概念为主,重点是在城市规划、政治学和公共管理学等学科领域。近年来,我国低碳发展方面理论研究开始增加,产生了一些初步理论研究成果;公众参与低碳发展的意识也开始觉醒,公众参与低碳发展逐步得到政府、社会组织的认同和支持。有关方面在推动公众参与方面已经做了一些探索和尝试。特别是地方在推动低碳发展、开展低碳试点示范过程中,采取了一系列鼓励公众参与的措施,积累了一定的经验。总体来看,目前公众参与低碳发展主要包括以下内容。

1. 参与制定法规政策

法规政策的制定、修订及司法活动等,是传统意义上公众参与的重要内容,环境保护相关立法和政策,关系到所有人的环境权益,应该吸纳公众参与到立法和政策制定过程中。目前,我国低碳发展相关法规政策在制定过程中,已经开始注重公开征求公众意见,如《中华人民共和国环境保护税法》在制定过程中,就曾面向全社会就法律草案公开征求意见,得到了社会各界的广泛响应。2015 年 6 月 10 日,国务院法制办公布了《中华人民共和国环境保护税法（征求意见稿）》，受到各方面的高度关注，社会各界以各种形式提出了诸多意见建议，对法律的完善和加快出台发挥了积极作用。2016 年 12 月 25 日，十二届全国人大常委会第二十五次会议通过了《中华人民共和国环境保护税法》，自 2018 年 1 月 1 日起施行。为保证税法顺利实施，财政部、国家税务总局、环境保护部起草了《中华人民共和国环境保护税法实施条例（征求意见稿）》，并于 2017 年 6 月再次面向全社会公开征求意见。根据有关方面的介绍，条例的起草过程中，充分听取了各方面的意见建议。据了解，条例的起草过程如下：税法经全国人大常委会通过后，财政部、国家税务总局、环境保护部即成立了条例起草工作小组，集中力量做好条例起草工作。2017 年 1～3 月，起草组与地方财政、税务和环保部门多次进行座谈，研究讨论条例框架、具体政策及重点难点问题，并赴北京等地进行了实地调研。在此基础上，起草了条例初稿。2017 年 4 月，再次组织江苏、浙江、上海、湖北等省市财税部门讨论修改条例初稿，并听取环境科研机构和专家的意见。在充分论证并吸收各方面意见基础上，形成了条例征求意见稿。2017 年 5 月，财政部、国家税务总局、环境保护部就条例征求意见稿，分别征求了国务院有关部门和省级财政、税务和环保部门意见，根据反馈意见，对条例作了进一步修改完善。从这一案例可以看出，由于立法及政策制定具有一定的专业性和程序的复杂性，在实践中，有关立法及政策制定工作主要还是由具备专业知识的专家和学者来参与为主，参与方式一般有专家座谈会、论证会、技术咨询等。在《国家应对气候变化规划（2014—2020 年）》《"十三五"控制温室气体排放工作方案》等低碳发展重要政策文件起草过程中，专家的参与也是必不可少的。专家依据专业知识进行专业判断，出具专家建议，对于推动我国的环境保护和低碳发展政策制定发挥了重要作用。

2. 参与具体行政决策

行政决策及具体项目的实施不同于立法及政策制定，一般是就单项行政事项进行决策或对某一具体事项做出规定。与绿色低碳发展相关的行政决策涉及的范围比较广泛且很多关乎公众的切身利益，因此公众参与有较高的积极性。在具体项目决策过程中，环境影响评价是现阶段我国公众参与项目决策的重要途径。公众参与是环评的重要组成部分，规划或建设项目的实施直接影响周边居民的生活质量，公众有权利知道、参与并决定其生活环境的变化。环评中公众参与的目的在于改善规划和项目质量、通过预防诉讼和成本高昂的进度延误改善项目实施质量、满足法律要求、提高公民主动参与意识、保护个人权益以及使项目成果得到认可等。我国于1973 年引入环境影响评价的概念，1979 年制定的《中华人民共和国环境保护法（试行）》对该制度予以确认；但公众参与理念是 1991 年在亚洲开发银行资助的环境影响评价培训项目中首次提出，直到 1993 年才正式获得国家认可。从 1996 年开始国家逐渐重视环境影响评价公众参与。2002 年通过的《中华人民共和国环境影响评价法》为我国环评公众参与制度提供了法律保障，该法对公众参与的形式、范围、人员、阶段等情况作了较为细致且可操作的规定。2006 年原国家环境保护总局发布的《环境影响评价公众参与暂行办法》对环评的公众参与制度进行了深化，明确了公众参与的原则、参与主体的权利与义务、征求意见的具体范围、各个阶段信息公开的要求、调查公众意见的具体形式、时间和期限等，是环评制度进程的里程碑。2009 年国务院通过的《规划环境影响评价条例》进一步将公众参与的范围由建设项目扩大至对环境可能产生影响的专项规划。为避免建设项目中环评编制单位在公众参与中走过场、企业提供或编造公众同意等虚假信息以欺骗审批单位等现象，2017 年颁布的《建设项目环境影响评价技术导则总纲》在工作程序中将公众参与和环境影响评价文件编制工作分离，环评中的公众参与部分将由企业自行承担，单独报送。环评公众参与制度的建立，为公众关心环境保护、维护环境权益提供了重要的平台，也促进了公众环境保护意识的提高。

申请政府信息公开也是公众参与低碳发展具体行政决策的重要渠道。如果公众对政府的某一低碳发展项目或政策制定存在疑虑，可以申请政府有关决策部门对相关信息进行公开。根据政府信息公开条例，公民、法人或者其他组织可以根据自身生产、生活、科研等特殊需要，向国务院部门、地方各级人民政府及县级以上地方人民政府部门申请获取相关政府信息。申请公开的政府信息中含有不应当公开的内容，但是能够作区分处理的，行政机关应当向申请人提供可以公开的信息内容。行政机关收到政府信息公开申请，能够当场答复的，应当当场予以答复。行政机关不能当场答复的，应当自收到申请之日起 15 个工作日内予以答复；如需延长答复期限的，应当经政府信息公开工作机构负责人同意，并告知申请人，延长答复的期限最长不得超过 15 个工作日。行政机关依申请公开政府信息，应当按照申请人要求的形式予以提供；无法按照申请人要求的形式提供的，可以通过安排申请人查阅相关资料、提供复制件或者其他适当形式提供。行政机关依申请提供政府信息，除可以收取检索、复制、邮寄等成本费用外，不得收取其他费用。

3. 参与低碳发展和环境保护执法监督

低碳发展和环境保护既需要健全的法律体系保障，也需要严格的执法监督体系。环境行政执法是环境管理的主要手段，环境行政执法是指依法享有环境管理权的行政主体，依职权适用法律手段对环境行政相对人采取的直接影响其权利义务的环境行政行为，并进行其他环境监督管理的活动。环境行政执法的具体形式有环境行政许可、排污收费、现场检查、"三同时"验收、限期治理、调查取证、环境行政处罚等。环境行政执法具有环境法和行政法的双重特点，并且遍及环境管理的各个方面，是环境管理过程中极为重要的手段。在低碳发展和环境执法监督过程中，公众参与是十分重要的一环，执法监督部门虽然是监督执法的主体，但其力量毕竟有限，环境违法问题的发现，主要依靠群众举报和媒体舆论报道（见专栏 2－1）提供的线索。如生态环境部设立了全国环保举报管理平台，全国各地的群众可以通过"12369"环保举报电话、微信或网络举报环境污染问题，生态环境部受理举报后，会根据不同的情况，将问题线索转交地方环境执法部门限期办理，并将办理结果报告生态环境部。这一手段大大提高了环境执法的效率。

专栏 2 - 1

浙江卫视《今日聚焦》栏目通过舆论监督
推动地方环保等问题快速解决

2014 年浙江卫视推出建设性舆论监督栏目《今日聚焦》，重点报道浙江省委、省政府中心工作，以"问题导向"为报道抓手实现推动工作的目的。其中"五水共治"等环保问题，是舆论监督的重点之一，在报道中，记者像环保执法人员一样，寻找污水排放口，分析污水来源，规范提取水样。在进行背景调查时，通过专业化的思考，挖掘出新闻背后隐藏的事实真相，在对排污调查中，根据新环保法，着重对刑责追究、累计罚款等内容进行阐述，不但起到普及法律常识的作用，更达到了一种传播威慑的力量。凭借着独特理念，《今日聚焦》栏目已经在浙江形成了一种"聚焦现象"，为群众的广泛监督架起了桥梁。栏目不仅是当地收视率最高的电视新闻栏目，也因为《今日聚焦》的强大声势，接受群众投诉、举报也最为集中，栏目开通的"114"热线平台报料逐渐增多，每天信息、观众来信、微信平台也非常踊跃。收看"聚焦"节目的观众，不仅关注问题的曝光，更主动地监督问题整改，将整改进展向栏目组再次反馈。栏目也会通过回访、向上级提交职能部门反映等方式，形成推动问题解决的良性循环。曝光问题有反馈，可整改，促落实成为"聚焦现象"的必杀技，各级党委政府积极落实曝光问题，往往在节目播出第二天就能够立即采取行动，形成了曝光与反馈的良性互动，起到了"摄像机比推土机管用"的监督实效，拓展了大众媒体参与社会管理的新途径。

资料来源：根据《〈今日聚焦〉：舆论监督再出发》等新闻报道综合整理，http：//www.mediacircle.cn/？p＝20932。

党的十八大以来，为推进新形势下生态文明建设和环境保护工作，党中央、国务院做出了中央环保督察这一重大制度安排。经过 2016 年、2017 年两年努力，完成了对 31 个省（自治区、直辖市）的中央环保督察全覆盖，督察直接推动解决 8 万余个群众身边环境问题，涉及垃圾、恶臭、油烟、噪声、黑臭水体、"散乱污"企业污染等。同时，地方借势借力，还推动解决了一批多年来想解决而没有解决的环保"老大难"问题，纳入整改方案的 1532 项突出环境问题近半已得到解决。环保督察过程中，充分发挥了公众的参与作用，督察组在每个省都公布举报受理电话。第一轮督察共受理群众信访举报 13.5 万余件，累计立案处罚 2.9 万家，罚款约 14.3 亿元；立案侦查 1518 件，拘留 1527 人；约谈党政领导干部 18448 人，问责 18199 人，并累计向地方移交了 387 个生态环境损害责任追究问题案卷。[①] 中央环保督察制度是打好污染防治攻坚战的重要手段，是一场对各地党委、政府生态文明建设的大检查，通过党政同督，一步步找到地方生态环境问题的"病根"。同时针对"打赢蓝天保卫战"等污染防治攻坚战，生态环境部组织开展了环境保护专项督察，更加精细地对接污染防治。在积极探索督察体制建设过程中，公众参与是十分重要的环节，也是环境保护督察取得实效的基础。

4. 参与相关环境公益诉讼

环境公益诉讼即有关环境保护方面的公益性诉讼，是指由于自然人、法人、或其他组织的违法行为或不作为，使环境公共利益遭受侵害或即将遭受侵害时，法律允许其他的法人、自然人或社会团体为维护公共利益而向人民法院提起的诉讼。环境公益诉讼是为了保护社会公共的环境权利和其他相关权利而进行的诉讼活动，也是针对保护个体环境权利及相关权利的"环境私益诉讼"而言的。实践证明，这项制度对于保护公共环境和公

---

① 法制网刊发报道《环保党政同责实现制度"破冰"》，http://www.legaldaily.com.cn/index/content/2018－01/10/content_7443964.htm? node = 20908。

民环境权益起到了非常重要的作用。与传统的民事诉讼、行政诉讼相比，环境公益诉讼具有特殊性：环境公益诉讼的主体具有特殊性。环境公益诉讼的发起者不一定是与本案有直接利害关系的人，提起环境公益诉讼的社会成员，既可以是直接的受害人，也可以是无直接利害关系的人。环境公益诉讼的对象既包括一般的民事主体，也包括国家行政机关。环境公益诉讼的目的是维护环境公共利益。环境公益诉讼具有显著的预防性，同时兼具补救功能。

2014 年修订的《中华人民共和国环境保护法》第 58 条对环境公益诉讼的条件做了具体规定。《最高人民法院关于审理环境民事公益诉讼案件适用法律若干问题的解释》（自 2015 年 1 月 7 日起施行）明确了环境民事公益诉讼案件的审理程序和相关内容，对可以提起公益诉讼的社会组织进行了明确解释——依照法律、法规的规定，在设区的市级以上人民政府民政部门登记的社会团体、民办非企业单位以及基金会等社会组织；社会组织章程确定的宗旨和主要业务范围是维护社会公共利益，且从事环境保护公益活动的，可以认定为环境保护法第五十八条规定的"专门从事环境保护公益活动"。2017 年修订的《中华人民共和国民事诉讼法》规定，对污染环境、侵害众多消费者合法权益等损害社会公共利益的行为，法律规定的机关和有关组织可以向人民法院提起诉讼，并对检察机关提起公益诉讼及支持起诉的条件做了明确规定。

近年来，我国在环境公益诉讼领域进行了许多有益探索。例如，贵州省贵阳市中级人民法院设立了环境保护审判庭；江苏省无锡市两级法院相继成立环境保护审判庭和环境保护合议庭，无锡市中级人民法院和市检察院联合发布了《关于办理环境民事公益诉讼案件的试行规定》；云南省昆明市中级人民法院、市检察院、市公安局、市环保局联合发布了《关于建立环境保护执法协调机制的实施意见》，规定环境公益诉讼的案件由检察机关、环保部门和有关社会团体向法院提起诉讼。目前，我国已有不少环境公益诉讼成功案例，如 2014～2016 年江苏省泰州市环保联合会诉泰兴锦汇化工有限公司等水污染民事公益诉讼案；2015 年福建南平生态破坏案二审取得胜诉，这也是新《中华人民共和国环境保护法》实施后首例环保公益诉讼案。

5. 积极践行低碳生活

低碳生活实践是公众参与低碳发展的重要组成部分。公众日常生活和消费活动中所排放的碳是造成碳排放的重要来源之一。据统计，我国30%的二氧化碳排放来源于居民生活。因此，公众在日常生活和消费中应尽量减少资源消耗和二氧化碳排放，优先选择环境友好产品、节能低碳产品和低碳交通出行方式。根据相关研究显示，我国城镇居民因为电器关机不拔插头而导致每年全国待机电量浪费高达180亿度，相当于3个大亚湾核电站年发电量。公民践行绿色低碳生活对于推动绿色低碳发展具有重大意义。近年来，在各方面的大力倡导下，低碳生活的理念开始深入人心，甚至在一些大城市成为一种时尚（见专栏2-2），潜移默化地改变人们的生活。低碳生活代表更健康、更自然、更安全的生活方式，可以返璞归真地进行人与自然的活动。对普通人来说，低碳生活既是一种生活态度和生活方式，更是一种促进可持续发展的有效途径。公众广泛参与自备购物袋、双面使用纸张、控制空调温度、不使用一次性筷子、购买节能产品、低碳出行、低碳饮食、低碳居住等节能低碳活动，从日常生活衣、食、住、行、用等细微之处，实践低碳生活消费方式。在豆瓣网上，有十几个与低碳生活有关的小组，积极推广"碳中和"的概念，即排放多少二氧化碳就得补偿多少。其中名为"低碳生活"的小组更提供家庭碳排放"碳中和"网上查询，比如，一家三口如果一年用电3000千瓦时，就相当于排放了2.36吨二氧化碳，那么需要种22棵树才能抵消。企业也逐渐采用这种减排方式，在线旅行服务网站携程网2008年9月推出了一项"碳中和"服务：顾客预订机票时，网站将根据飞行里程告知顾客将产生的二氧化碳排放量，以及相应的补偿选项。2007年中国第一家实施"碳中和"的旅馆上海雅悦酒店在上海开业，旅馆从国际碳排放中介机构"零排放"购买了排放指标，这家有26个房间的旅馆运营所产生的二氧化碳都通过"零排放"

机构的节能减排项目抵消掉了。在社会各界的大力推动下，"光盘行动"、低碳出行、低碳旅游等生活方式已越来越得到公众的认可。

专栏 2－2

碳普惠制

碳普惠制是对小微企业、社区家庭和个人的节能减碳行为进行具体量化和赋予一定价值，并建立起以商业激励、政策鼓励和核证减排量交易相结合的正向引导机制。碳普惠制鼓励公众自愿践行低碳，对资源占用少或为低碳社会创建做出贡献的公众和企业予以激励，利用市场配置作用达到公众积极参与节能减排的目的。同时通过消费端带动生产端低碳，通过需求侧促进供给侧技术创新。二氧化碳当量是碳普惠制核证减排的单位。该机制主要通过"碳普惠"会员和"碳普惠"商家联盟两种形式进行推广。一种是市民通过注册绑定"碳普惠"微信平台使用获赠的碳币，在平台上兑换奖品和优惠，倡导市民绿色出行、节约用电等低碳生活方式和消费模式。另一种是商家注册成为"碳普惠"商家联盟，通过平台推广企业绿色产品和低碳生产理念，从而将低碳元素融入企业生产和市民生活之中去。广东省是最早尝试碳普惠制的省份。按照"谁减排、谁受益"的原则，将公众或企业的减排行为量化后兑换成碳币，进而可以到运行中心换取奖励和优惠。个人的低碳行为包括：低碳出行、节约用水、节约用电、家庭光伏安装使用、可再回收资源分类回收、参加碳普惠平台举办的低碳活动等。公众可以注册一个碳普惠的账户，将自己的手机号、水卡、电卡、燃气卡和公交卡都绑定到这个账户上。这期间，碳普惠平台会自动核算减排量，公众积累的减排量可以换成碳币。用碳币或配合人民币，可换购纸巾、灯泡、公园门票或美食优惠券。截至2017年6月已经有了8种优惠。商家可将收回的碳币折合成减排量，再次去碳市场交易。一次减排能让两个主体各得一次优惠。

2017 年 4 月 17 日，广东省发改委发布《关于碳普惠制核证减排量管理的暂行办法》，正式将碳普惠核证自愿减排量（PHCER）纳入碳排放权交易市场补充机制。6 月 8 日，广州碳排放权交易所举行了广东省省级碳普惠制核证减排量（PHCER）首次竞价活动。最新备案的是广东省森林保护碳普惠项目。目前，广东省陆续在广州、东莞、惠州、河源等市开展碳普惠制试点。

资料来源：根据有关新闻报道和资料综合整理，参见翁建宇：《浅析碳普惠制现状及其发展意义》，中国碳排放交易网：http://www.tanpaifang.com/tangu-wen/2017/0621/59759.html。

6. 开展公众宣传教育活动

近年来，围绕普及应对气候变化知识，提高公众应对气候变化意识，中国各级政府、事业单位、民间组织开展了大力的宣传教育活动，对提高公众和企业的低碳发展意识发挥了积极作用。

政府大力加强对领导干部气候变化知识的培训。通过举办集体学习、讲座、报告会等形式，有效提高各级领导干部气候变化意识和科学管理水平。中央政府有关部门举办了气候变化、可持续发展和环境管理培训班、应对气候变化省级决策者能力建设培训班、地方政府官员清洁发展机制管理能力建设培训班、适应气候变化能力建设培训研讨班、省级温室气体清单编制能力建设培训班等。地方政府也积极开展了气候变化相关培训。中、高等院校加强环境和气候变化教育，陆续建立环境和气候变化相关专业，加强气候变化教育科研基地建设，为培养气候变化领域专业人才发挥了积极作用。

政府积极采取多种渠道和手段引导全民积极参与应对气候变化行动，注重发挥民间组织、媒体等各方面的积极性。从 2008 年开始，国家有关部门每年编写出版《中国应对气候变化的政策与行动》年度报告，全面介绍中国在应对气候变化领域的政策与进展。从 2013 年起，每年在 6 月"节能宣传周"期间开展"全国低碳日"系列宣传活动，普及节能减排与气候变化知识。利用世界环境日、世界气象日、世界地球日、世界海洋日、世界无车日、全国防灾减灾日、全国科普日等主题日，积极开展气候变化科普宣传。北京、天津、贵阳等一些地方政府通过举办气候变化、节能环保等领域的大型国际研讨会、论坛和展览等活动，加强与世界各国在低碳发展方面的经验交流，增强公众应对气候变化和节能低碳的意识。充分发挥报纸、广播、电视、杂志等传统媒体和互联网、手机等新媒体的作用，加强应对气候变化和节能低碳的宣传教育。

民间组织积极行动。各地公众积极参与"地球一小时"倡议，在每年3月最后一个星期六（20：30～21：30）熄灯1小时，共同表达保护全球气候的意愿。中国国土经济学会开展低碳国土实验区创建活动，中华环保联合会和中国旅游协会在48家旅游景区开展首批全国低碳旅游试验区试点，中国钢铁工业协会与全国总工会组织开展全国重点大型耗能钢铁生产设备节能降耗对标竞赛活动。中国节能协会等举办气候变化与低碳经济发展媒体高层论坛。中国煤炭协会、中国有色金属工业协会、中国石油和化学工业协会、中国建筑材料联合会、中国电力企业联合会等在行业节能规划、节能标准的制定和实施、节能技术推广、能源消费统计、节能宣传培训和信息咨询等方面发挥了重要作用。一些民间公益组织也积极开展宣传教育活动，提高了公众应对气候变化意识。开展千名青年环境友好使者行动等活动，在机关、学校、社区、企业、公园和广场等宣讲环保理念，倡导低碳生活，践行绿色消费。上海、重庆、天津等城市开展"酷中国——全民低碳行动"，进行家庭碳排放调查和分析。哈尔滨等城市开展了节能减排社区行动，动员社区内的家庭、学校、商服、机关参与节能减排。中国各地的大、中、小学积极宣传低碳生活、保护环境，一些高校提出建设"绿色大学"等目标，得到广泛响应。

新闻媒体不断加大应对气候变化与节能低碳宣传报道力度。编写并出版了一系列气候变化与气象灾害防御的科普宣传画册，制作了《面对气候变化》《变暖的地球》《关注气候变化》《环球同此凉热》等影视片，及时跟踪报道全球应对气候变化的热点新闻，积极介绍中国应对气候变化的政策、行动和进展，倡导低碳生活理念，增进社会各界对气候变化的了解和认识，展示中国在应对气候变化方面付出的努力和取得的成就。

2.3.3　低碳发展公众参与存在的不足和问题

尽管我国在低碳发展过程中，积极促进公众参与，并在一些领域产生了积极效果，但由于应对气候变化和低碳发展在我国是一项新的任务，我国公众参与发展进程也才刚刚起步，公众参与低碳发展仍存在着很多问题。

第一，低碳发展公众参与的法规制度还不完善。《中华人民共和国环境保护法》等很多绿色低碳发展相关的法规都有关于公众对破坏环境、浪费资源或能源进行监督的规定，但相关立法及具体规章制度欠缺对公众参与的内容及具体程序的规定。目前，环保部及各地环保部门开设网上举报平台，还设立了举报电话，为环保执法提供线索。但在实践中，当有污染或浪费资源行为发生时，受各种因素制约，公众往往缺乏举报的积极性；虚假举报的情况也时有发生；被举报案件有时也得不到及时有效的处理。这一方面是由于行政执法人力、财力限制，另一方面也与对真实举报人的激励不够以及对被举报人的惩戒不足有关。同时，按照《中华人民共和国民事诉讼法》及《中华人民共和国环境保护法》规定，我国环境公益诉讼提起主体限于社会组织和有关国家机关，公民个人无法提起环境公益诉讼。这不利于调动公众通过司法途径打击环境污染和资源破坏行为的积极性。在许多国家，将公民个人作为公益诉讼的主体是非常普遍的。如美国将我们所称的公益诉讼制度称为"公民诉讼"。美国在 20 世纪 70 年代相继制定的《清洁空气法》《海洋倾废法》《噪声控制法》《濒危物种法》《有毒物质控制法》等一系列环境立法，都通过"公民诉讼"的条款规定了普通公民的诉讼资格。此外，《中华人民共和国环境保护法》也未明确有关国家机关的诉讼资格。而我国一些单行环境法律中对有关国家机关的提起诉讼资格已做明确规定，如《中华人民共和国海洋环境保护法》第90条规定海洋监督管理部门可以代表国家对责任者提起损害赔偿诉讼。

第二，低碳发展过程中政府信息公开工作还存在较大提升空间。一些环保和低碳立法过程中存在信息公开不及时、不全面等问题，致使公众参与立法和政策制定的范围、程度都受到很大限制，有些立法需要等出台后才被公众得知；即使公众参与一些立法，往往也只是公众一方的建言，极少见立法及政府部门的积极回应。立法及政府部门重视立法结果而忽视群众意见的传统思维仍然存在，且认为公众参与的过程往往耗时费力而影响立法或政策进度；立法部门的信息公开工作还有待进一步完善。许多环保和低碳立法征求意见往往仅限于在国家级政府机构网站上公开，公开的范围和程度都受到限制。相关部门不仅垄断环评的具体信息，而且对于公开的环境信息也避重就轻，环评审批依据、理由、程序等信息公开意识淡薄，导致公众缺乏了解和参与环评的途径，社会信任度降低。环境信息公开的载体较少，政府网站信息公开滞后或缺丢，公众无法及时获取信息，甚至产生误解，造成不必要的纠纷。如从环评的审批流程来看，2012年四川什邡发生的钼铜项目事件中，宏达钼铜项目的环境评测工作手续齐全，按照环评要求，严格废弃物管理，最大限度地控制污染。同时，项目开工后，环保部门还将安装监测设备并配备监测人员，进行全方位测评。但由于信息公开不足，造成了部分群众对该项目不了解、不理解、不支持，公众的参与权和知情权没有得到满足。由于公众参与不足，对信息掌握不充分，逐渐变为社会热点问题。

第三，社会公众参与低碳发展的自主性不足。整个社会还没有形成低碳发展的社会氛围，制约了公众主动参与低碳发展。公众虽然对涉及自己利益的环境问题较为关心，但大多认为保护环境不是自己的义务，而是政府的责任，对环境问题的解决表现出严重的"政府依赖性"。公众渴望拥有一个良好的生态环境，但对环境保护习惯坐享其成。公众的环保道德意识较弱，大多数人对正在发生的侵害环境行为，不及时加以制止，而是事后抱怨。只有少部分公众愿意在购物时因考虑环保因素接受较高价格。同时，随着气候变化和低碳发展问题在全球地位的提升，公众虽然对"低碳发展"等相关名词逐渐知晓，但大部分公众对低碳发展仍不了解，更谈不上熟知。还有部分公众根本不了解低碳发展，而一些人甚至质疑低碳发展的必要性和可行性，这些都是影响社会公众主动参与低碳发展的因素。从实际生活看，人们对低碳产品的认知与日常生活的密切度有关。与人们日常生活密切的低碳产品，社会知晓度较高，如生活中的垃圾分类、白色污染等。地域差别、社会公众自身文化水平等因素也影响社会公众对低碳发展的认知，如大中城市公众对低碳发展认知程度较深。社会公众对于低碳发展的不了解或者一知半解以及选择性参与低碳行为，限制了其参与低碳发展的主动性。公众真正出于自主意识自愿参与的低碳行为仍然较少，且普遍存在从众心理。

第四，社会公众参与低碳发展方式较为单一、参与水平不高。低碳发展公众参与的形式可分为预案参与、过程参与和末端参与。末端参与是指公众在环境政策、规划制定和开发建设项目完成之后的参与。目前，我国公众参与大多为末端参与，公众参与往往是事后参与，事前参与及事中监督不够。公众是在生态环境受到严重影响后，才号召参与或向环保部门及上级政府投诉，这种"告知性参与"容易引起群体性事件，难以阻止生态环境破坏。参与的政策基础薄弱。我国宪法中未赋予公民环境权，各项单行法无法据以制定有关公众参与低碳发展、环境保护的规定。环境保护相关单行法仅规定了单位和个人检举和控告相关污染的权利。这只是事后的补救，而非事前的防范和事中的制止。目前，公众参与重大环保决策，往往通过论证会、听证会等方式进行参与，但在最终的决策中，对待公众的意见有形式化的倾向。总体上说，目前公众参与形式仍然属于政府倡导模式，且集中于宣传阶段，很难实现公众对政府的有效监督。公众自发参与较少，参与活动缺少系统性和持续性。参与的内容层次较低，参与领域尚未触及环境保护决策方面。在政府倡导的公众参与中，公众参与低碳发展的主要形式还是公示、咨询、听证等"被动式参与""初级参与"，而且参与的主体主要是城市居民，没有覆盖到农民工和周边农民等其他利益主体。这种政府主导下的自上而下的程序性的参与方式,导致普通公众的参与性不高。而对大部分公众而言,政府相关部门所开通的微信、微博以及热线等参与途径,知晓度不高,公众很少通过这些途径参与。

社会公众也可以参与社会组织举行的低碳公益活动。环保组织是联结政府与公众的桥梁。目前,我国民间环保组织发展还面临一些挑战,包括政府的认识度、经费来源等。社会组织参与政策制定、社会监督和国际交流合作的能力不强。同时社会组织覆盖面有限。可见,社会公众参与低碳发展的渠道较少,公众利益诉求表达方式较为单一,大部分都是寄托于政府有所作为。公众参与低碳环保活动,集中在较为浅显的层次,比如节约用电用水用纸、绿色出行等个人的日常行为。

第五,环境影响评价公众参与效果有待进一步提升。通过专栏 2－3 分析发现,简单地对话方式并不能满足公众表达利益诉求,即便举行听证会,也难以消除公众对环评报告公正性或科学性的质疑,加之缺乏有效的环境决策依据、证据及理由的说明程序,环境影响评价公众参与的时点滞后,虽然大多数建设项目进行了系统与科学的环境影响评价,但是对于公众参与环节重视不够,在启动后补办环评手续并开展象征性公众参与的现象普遍存在,政府机关对公众参与决策监督机制也普遍持不积极或走过场的态度,致使公众参与环评效果不佳。

专栏 2－3

圆明园湖底铺设防渗膜事件

2003 年 8 月,圆明园开始实施大规模环境整治工程,并于 2005 年 2 月开始建设湖底防渗工程,其本意是为了节水,降低用水成本。3 月 22 日,在北京开会的兰州大学客座教授张正春在圆明园游览时,发现圆明园的湖底铺上了防渗膜,他认为该工程会破坏圆明园的生态环境,并投书媒体呼吁各方关注。3 月 30 日,各大媒体纷纷报道"圆明园防渗工程"事件。3 月 31 日,国家环保总局叫停该项目,责令其依法补办环境影响评价审批手续。4月13日，国家环保总局组织召开听证会，要求圆明园管理处补交环评报告。5月9日，国家环保总局发最后通牒，限圆明园管理处40天内上交环评报告。5月13日，国家环保总局点名批评北京师范大学下属环评机构拒绝接受环评委托。5月17日，清华大学接手圆明园环评工作。6月30日，圆明园管理处递交环评报告。7月5日，国家环保总局对圆明园提出了具体的整改要求。根据整改方案，圆明园对已铺的防渗膜全部拆除，回填黏土和原湖底的底泥。湖岸边不再铺设侧防渗膜。该事件成为中国公众参与环境保护中的标志性事件，对唤起公众和社会各界的生态环保意识发挥了重要作用。

资料来源：根据有关新闻报道整理，http：//news. sina. com. cn/z/ymypm/index. shtml。

第 3 章

公众参与低碳发展的国际经验

■ 3.1 英国的主要经验与做法

英国是最早提出发展"低碳经济"的国家，也是最早颁布气候变化法案的国家之一，先后制定了一系列应对气候变化的战略、法规、政策。应对气候变化和低碳发展已成为英国经济社会发展中重要战略方向，也已成为全社会的重要共识。

3.1.1 鼓励公众参与应对气候变化法案和战略规划制定

英国 1985 年的《地方政府法》和 1990 年的《城镇和乡村规划法》规定公众有咨询和参与环境事务的法定权利，为公众参与环境事务决策提供了法律依据。1992 年颁布的《环境信息条例》规定，公众有从公共机构获取环境信息的权利，拥有环境信息的公共机构有义务向申请人提供环境信息，如果拒绝必须以书面形式予以说明。2003 年，英国发布《我们能源的未来——创建一个低碳经济体》白皮书，明确提出发展"低碳经济"。2008 年，英国颁布《气候变化法案》，成为世界上第一个为减少温室气体排放、适应气候变化而建立具有法律约束性长期框架的国家，法案进入立法程序前，向议会和公众征询了意见并得到了公众的广泛认可和支持。2009 年，英国发布了《低碳转换计划》，提出到 2020 年要创造 120 万个"绿色"就业机会；改建 700 万户民宅，支持 150 万户家庭生产清洁能源；全国 40% 的电力来自清洁可再生能源；轿车平均碳排放量降低 40% 等。在公众参与和推动下，英国还出台了《英国低碳工业战略》《可再生能源战略》《低碳交通计划》等，加快向低碳社会转型。

3.1.2　畅通公众维护环境权益的渠道

法律规定了公民在环境公益诉讼方面的权利。1981 年《最高法院法》规定，只有申请人表现出"与申请的案子有关的足够的利益或兴趣"，才能具备必需的代表性。1982 年，英国议会上院对上述法令进行了解释，指出有充足理由的申请人可以被认为具有代表性地位，而且压力集团不应被排除在申诉之外。法院也将足够的利益或兴趣赋予那些拥有最接近和持续关心环境事务的集团或社团及具有申诉权利的个人，即赋予了公众通过环境公益诉讼维护环境权益的资格。项目环境影响评估规定必须有公众参与。《城镇乡村规划条例》规定，被认为有可能对环境造成影响的大的开发项目必须有公众参与，这是决策制定过程不可缺少的一个步骤，开发商必须向"适当的机构"提交环境影响报告，确认潜在的环境影响和计划中准备避免、减少或补救这些影响的措施。环境影响报告必须包括非技术性的摘要。有关机构必须征询公众团体的意见，并给予公众表达他们自己观点的机会。开发商的环境影响报告必须开放，公众可以看到，报告的复本必须提交咨询委员会。适当的机构必须在决定是否准许该项目开工之前准备该项目的环评报告，报告必须考虑公众和咨询委员会的观点。公众参与环评是政府民主决策过程中的一个合适的、公平的行为，是确保拟开工的项目满足公民需要，并且对受影响的民众是适宜的一种方式。

3.1.3　发挥环境保护团体的宣传、咨询和监督作用

在英国，环保团体经常通过等各种方式宣传普及环保知识、促进环境信息交流，唤起更多的人关注环境问题，重视环境污染和破坏的危害，倡导有益健康的生活方式。如世界自然基金会英国办公室和"大地之友"在20世纪80年代末期和90年代初期积极帮助当地政府以更加严肃的态度来对待可持续发展观念，并帮助当地政府把可持续发展理念用于当地发展项目中。通过咨询服务解决实际的环境问题。比如，"大地之友"通过运用详细的地理信息系统向国家河务局提交水污染监测数据，该团体还出版普及性指南来帮助人们理解他们监测的结果。环保团体中的专业人士，会运用自己的专业知识帮助公众对环境问题做出正确的行为选择。环境非政府组织（NGO）还对环境法等法规的实施进行监督，包括对政府和企业的环境行为进行监督。在英国有很多案例显示，环境法得以有效实施的一个关键因素是由环保主义者、环保团体所采用的非法律和法律战略。非法律战略包括：发起运动、游说、展示公众的抗议活动、支持地方社区表达自己的意见，很多环境行动小组在《地方21世纪议程》中发挥着核心的作用，他们矫正了被错误理解的发展项目和协调不良的政策措施。而当地方政府不情愿履行环境保护责任时，很多环保组织就会采取法律行动。"地球之友"将英国不遵守欧盟环境法的行为予以揭露，以引起欧盟委员会的注意。钓鱼者协会将由于采矿和耕种的不良管理引起河流污染的问题告上法庭。

3.1.4　积极倡导构建低碳生活方式

运用多种手段引导公众由传统生活方式向低碳生活方式转变。2008年，英国正式实施的《可持续住宅规范》规定，到2016年所有新建住宅要实现零碳排放。英国政府环境、食品与乡村事务部设立碳信托基金，提供节能服务和贷款等，实施燃料贫困补助计划。位于伦敦南郊、始建于2002年

的伯丁顿零能耗生态社区是英国首个完整的"零能耗"和"零排放"的样板生态村，借助于生物质燃料热电联产来实现小区供暖；借助于屋顶光伏板来实现电动汽车的充电；采用节能电器；增加保温绝热材料厚度来减少供暖以及降温等设备的使用。设立"一个地球生活"项目，目标是促使可持续生活方式在全世界范围内成为一种风尚，并赢得所有人的认可和欢迎。根据"一个地球生活"设想，社区在进行建设的时候，需要严格根据10 项原则来进行，包括零碳排放、无废弃物排放、可持续性交通、当地材料、本地食品、水低耗、动物与植物保护、文化遗产保护、贸易公平公正以及健康快乐生活方式等，进一步保证社会居民方便、高质量的生活状态。

3.1.5　加强对低碳发展的宣传和教育

英国非常重视对公众加强低碳经济的宣传和教育，每年政府都通过出版物及其他媒体，向公众免费发布节能减碳状况的信息（见专栏 3－1）。在介绍节能减碳状况的同时，还向公众说明形成低碳生活形态与经济社会可持续发展的关系。而且还建立起众多的教育项目，对大众特别是中小学生进行节能减碳方面的教育，使他们对减碳有深入了解。英国是最早研究低碳教育的国家之一，非常注重对低碳教育内涵、价值、作用的分析与研究，英国的低碳教育主要包括：第一，帮助学生树立低碳意识和低碳生活的理念，让学生意识到保护环境的重要性。教师以身作则培养学生的绿色消费意识，树立可持续发展的道德观念。通过课程设置以及使用先进教学方法，激发学生兴趣，引导学生关注并积极参与低碳生活实践。第二，推行低碳教育综合实践活动，增进学校与自然、社会的广泛联系与密切合作。例如，增加学生的户外实践活动，组织学生去自然景区、人文景观或者乡村，与大自然亲密接触，认识到环境破坏的后果，从而普及相关知识。第三，坚持与家庭共同配合进行低碳教育。英国提倡让低碳教育融入学生的家庭，与家长共同担负起低碳教育的责任。学校引导学生从内心深处理解人与社会、人与自然的关系，培养他们关心自然、热爱自然、保护自然的良好品质。

专栏 3-1

苏格兰低碳发展的公共参与战略

苏格兰制定了富有远见和雄心勃勃的气候变化目标（到 2020 年减排 42%，到 2050 年减排 80%），得到了苏格兰议会跨党派的支持，并在国内外受到广泛的欢迎。苏格兰在低碳发展中鼓励公众参与，苏格兰政府将工作着力点放在以下两个方面：一是告诉苏格兰民众气候变化的影响和后果；二是鼓励采取行动以确保社区应对气候变化负面影响的同时，能够充分利用气候变化将带来的机遇。政府认为，设定目标仅仅是个开始，只有通过政府、私人、公共和第三部门、当地社区和个人等多方力量的贡献才能实现。2009 年，苏格兰气候变化法案要求苏格兰部长"发布公众参与战略"：首先，通过具体的行动实践，告诉人们在苏格兰的气候变化法案中规定的目标；其次，鼓励他们实现这些目标；最后，识别苏格兰民众可能采取的行动和为实现这些目标作出的贡献。

苏格兰民众展现出为应对气候变化所作的努力。苏格兰政府也通过"气候挑战协会"等组织支持和鼓励民众。越来越多的社区在积极分享可持续生活的实践经验。很多行业领袖也在践行承诺：或者帮助推进可再生能源产业，或者鼓励中小企业更有效地管理他们的能源使用，或者创造性地思考新的"绿色"商业机会。与此同时，教育系统（通过学校、学院和大学）敏锐地意识到要将需要的技能发展与低碳经济的机遇、需求和低碳生活方式联系起来。苏格兰公会一直在伙伴合作的前沿开展工作，以确保苏格兰发展低碳经济在经济、就业、社会和环境效益等方面的收益最大化。

资料来源："Low Caebon Scotland：Public Engagement Strategy"，Scottish Government Riaghaltas na h – Alba gov. scot，2010 – 12. https：//www2. gov. scot/Puvlications/2010/12/23134226/0.

3.2　德国的主要经验与做法

德国是欧盟气候变化政策的领跑者，也是低碳发展雄心巨大、成效显著的国家。公众参与在德国气候变化战略中占据重要位置。

3.2.1　通过法律赋予公众环境事务知情权、参与权

德国拥有世界上最完备、最详细的环境保护法律体系，联邦及各州的环境法律法规、行政规范达 8000 余部，还实施了约 400 个欧盟相关法规。法律明确规定了公民的环境知情权以及参与环境影响评价报告的评论权、建设权等具体权利。在德国，凡是对环境可能产生影响的项目决策过程，必须有民间环保组织参与，这已经成为一项必要条件。《联邦自然保护法》明确规定，由联邦政府认证的环保团体，政府认同其效力以及在联邦层面的影响力，并赋予参与行政程序与提案的权利。这些经认证的团体在自然保护或生态维护领域相关条例的制定时，可以提出专业建议并通过参加听证会表达意见。1990 年德国通过《环境影响评价法》，进一步完善了具体项目审批中的公众参与程序。在一系列以前未对非利害相关人开放的审批程序中引入了公众参与，进一步规定了公众在参与过程中的获取信息权。德国法律对政府与民间组织的协作做出了原则规定：国家机关、民间组织必须团结协作，预防未来可能出现的新一类环境损害，并治理过去已形成的环境灾害。环保组织对公共政策和公共决策的影响，很大程度上体现在通过其监督，实现公权力部门的行为调整。例如，汉堡市为适应车辆增加而准备扩建公路，当地环保组织提出抗议，最终迫使政府改变计划，减少汽车道，加宽步行、自行车道，促使公众更多绿色出行。另外，环保组织通过常态沟通保持与立法机构和政党的互动，每次选举前一些环保联盟会向联邦众议院提交《选举诉求书》，其目的是提醒各政党对环保议题的重

视，并希望当局重视本组织的诉求。各政党对于诉求书提出问题做出解答，在某种意义上为选民提供了选举的信息和标准。

德国还允许环保团体接受公众委托，通过参与行政诉讼维护公众利益。德国以立法的方式赋予环境保护团体诉讼权能，2006 年颁布的《环境司法救济法》进一步发展了自然保护团体诉讼制度，并确立了环境团体诉讼制度。如环保组织可以基于委托，本着维护本地居民安全健康的目的，对公共设施设置地点和污染环境的开发行为等提起行政诉讼。环境团体要提起环境团体诉讼首先需获得资格确认。州内的环境团体由州主管机关确定，而跨州和外国环境团体则由联邦环境机构确定。截至 2013 年 11 月，在联邦层面有 102 个团体获得确认，其中 89 个在环境保护领域获得确认，28 个在自然保护领域里获得确认，15 个团体获得双重确认。① 通过接受委托，开展公益诉讼，环保组织可以发挥专业优势，这已成为环保组织维护公众环境权益的最直接、最有效途径，也使环保组织成为大自然的律师和代言人。2007～2012 年，环境和自然保护组织每年约在德国行政法院诉讼 29 起案件，胜诉率达到 45%，基本保持稳定。② 2013 年 9 月，德国联邦最高行政法院宣布，进一步强化环保组织提起团体诉讼的权利，环保组织可对噪声污染、空气污染、破坏生态等行为进行行政诉讼。这意味着环保组织面对环境违法行为时向法院提起团体诉讼的门槛将比现在降低很多，环保组织的作用进一步增强。

3.2.2　运用经济手段和市场机制鼓励低碳环保行为

自 20 世纪 80 年代，德国就广泛采用经济手段和市场机制，促进各方参与环境保护。《引入生态税改革法》对矿物能源、天然气、电等征收生态税，对使用风能、太阳能、地热、水力、垃圾、生物能源等再生能源发电则免收生态税，鼓励开发和使用清洁能源。2003 年颁布《进一步发展生

---

①② 王直节、许正中：《德国环保组织汇聚有效合力》，载于《学习时报》2015 年 3 月 10 日。

态税改革法案》，强调税收从依劳动力因素负担逐渐转换到依环境消费因素而定。生态税税收收入用于降低社会保险费，从而降低德国工资附加费，既可促进能源节约、优化能源结构，又可全面提高德国企业的国际竞争力。实施押金返还制度，促使产品生产者和消费者回收废品，运用市场机制抑制污染物和碳排放。

出台财政补贴政策，对有利于低碳经济发展的生产者或经济行为给予补贴。给予可再生能源项目政府资金补贴，政府向大的可再生能源项目提供优惠贷款，甚至将贷款额的 30% 作为补贴。2002 年 4 月生效的《热电联产法》规定了以热电联产技术生产出的电能可获得的补偿额度，例如 2005 年底前更新的热电联产设备生产的电能，每千瓦可获补贴 1.65 欧分。2012～2014 年购买电动车的消费者可获得政府提供的 3000～5000 欧元补助。

形成有效的市场机制。在杜伊斯堡政府的大力支持下，该市两家大型药厂和一家造纸厂每家出资 20%，合作建造一家污水处理厂，另外 30% 多的股份由政府持有。政府负责污水处理厂的管理和监督。其他企业如果有新的污水处理需求，政府不鼓励新建污水处理厂，而是建议他们缴纳很少的费用，和这三家企业合用污水处理厂。经过处理的中水会被这些企业循环利用，也可按照相关要求以低于地下水的价格出售给园林和绿化部门。由此，污水处理厂不仅承担了公益责任，而且成了有经济效益的市场主体，企业建设污水处理厂、做好环境保护的积极性进一步提高。[①]

3.2.3 通过宣传、教育手段提高国民的节能低碳意识

德国将强化公众参与意识和环境责任作为促进低碳发展的重要举措。政府非常重视培养国民的能源节约意识和生态环境保护意识，努力形成资源节约、可持续发展的社会公共道德标准，培养国民人与自然和谐相处的价值观。在德国，环境宣传教育以及公众参与环境管理相当普遍。环境教

---

① 郭秀丽：《德国环境保护的"生态民主"》，载于《求知》2015 年第 2 期。

育被纳入国家教育体系，从幼儿园开始，延伸到各层次教育中，形成了完整的节能低碳环保教育体系，德国的环境教育内容直接写入有关中小学教学大纲，并注重学生的生活体验，强化生态治理的公民责任和义务，使公民环境保护意识成为一种自觉行为。通过专业教育的形式，加强各种专门低碳环保人才培养，不断提高低碳环保从业人员的业务水平，扩大专业队伍。许多公共机构和军事机构也提供环境教育，新闻媒体采取多形式广泛宣传普及低碳环保知识，将低碳环保思想推广为一种为大众接受的生活方式，并使其成为社会主流价值观。媒体的广泛宣传，不仅可以提高公众知情率和环保意识，而且可以形成强大的社会舆论，制止浪费资源和破坏环境的行为，同时可以激发公众和企业环保热情，提高社会对环境管理的监督能力。德国政府还通过向社会各界提供有关环保低碳的资料，举办各种讲座，设立专门的网站等进行环保低碳知识宣传，并设立大量咨询点，提供各类咨询服务，仅节能知识咨询点就超过 300 个。在政府推动和公众支持下，德国绿色生产和绿色消费模式深入人心，公众的参与意识和参与能力不断提高，低碳发展越来越得到民众的认可。德国公民较高的生态觉悟使他们能够主动积极地参与环境保护活动，环境保护变成了一种全民自觉行动。德国的一项民意调查显示，85% 的德国人把环保问题视为国内第二大问题，75% 的人希望德国的环境政策水平继续保持在欧盟的领先地位。[①]

3.2.4 注重推动形成全民参与、共同负责的环保实践模式

德国在生态治理和环境保护中，注重形成政府、企业、家庭、公民、社会团体共同参与合作的良好协作机制，共同推进低碳环保政策实施。在莱茵河的治理过程中，政府让莱茵河两岸的居民入股，成立莱茵河治理股份制管理机构，对所关联的河段生态环境进行日常维护，居民也能获得一

---

① 柴野：《他山之石：德国环境怎么变好的？》，载于《环球时报》2004 年 11 月 24 日。

定的股份收益。因此，居民在生态效益和经济效益的双重吸引下，会积极主动地投入到生态治理全过程。

3.2.5　充分发挥媒体和非政府组织的监督作用

德国媒体对环境保护监督作用之大举世闻名。媒体对环保问题的跟踪采访拥有完全独立的权利，不受政府和其他组织的干扰。尽管政府可以向媒体提供有关的环保信息，但是媒体是否采用以及如何采用政府均无权干涉。企业广告投入虽然是媒体运营经费的主要来源之一，但媒体仍会刊登对企业不利的环保信息，以获得公众支持。

环保非政府组织数量众多且作用巨大。这些环保非政府组织具有代表居民意愿的法定权利，能够参与政府环保政策制定和企业环保规划。他们的活动门类众多，其中最重要的活动是通过写信提建议或抗议的方式提醒和督促政府采取环境保护措施。德国有许多自发成立的致力于环保的环保志愿者协会，以会员为骨干，带动公众广泛参与是德国环保组织生存发展、形成功能的前提，拥有并用好骨干会员是环保组织促进公众参与的基础。在用好会员资源的基础上，环保组织主要通过精心设计、有效策划，帮助公众增强环保意识、参与环保实践。自然保护联盟在各州的办事处均对民众开放，提供自行出版的印刷品，使公众了解环保政策及本机构正在进行的环保项目。该组织还通过购买有保护价值的土地，拯救大片的森林和湿地，为参与义工的志愿者和大众提供真实的环境教育。此外，环保机构还建设符合环保和教育目的的儿童游乐园，组织中学生开展大自然调查等活动。通过这些门槛低、形式多的活动，在形成社会功能的同时，为环保组织提供了培养后备会员、促进公众参与的平台。德国很多环保法律也是在这些非政府组织的推动和监督中出台的。[①]

德国环保组织还在促进低碳环保技术进步方面发挥着重要作用。如

---

① 　王直节、许正中：《德国环保组织汇聚有效合力》，载于《学习时报》2015 年 3 月 10 日。

2013 年德国自然保护联盟（NABU）、德国环境与自然保护联盟（BUND）给众议院提交的《选举诉求书》，就限制复合纳米材料使用、保障物种多样化、审查联邦政府现有研究计划等提出了几十项提议，并要求各党派发表意见。德国知名汽车环保组织交通俱乐部每年发布年度汽车环保性能排行榜，对汽车的各项环境性能进行打分并综合排名，引导公众消费和社会关注，对汽车生产商技术水平发挥倒逼作用。

3.3　日本的主要经验与做法

日本是一个资源匮乏的岛国，在工业化过程中又发生过几次著名的环境公害事件，因此，资源节约和环境保护已成为当代日本的重要国策，2004 年日本制定了《面向 2050 年的日本低碳社会》，2008 年又发布了《面向低碳社会的 12 大行动》《福田蓝图》，其在节能、循环经济等方面成效举世瞩目。

3.3.1　制定法规制度保障公众的环境权益

日本的环境管理是"自上而下"和"自下而上"方式相结合的运行模式。从日本社会环境保护历程看，公民参与环境管理的机制已渗透到环境管理的全过程。日本环境法的立法目的就是通过居民参与，提供民主地选择环境价值实现与其他基本人权调和的法律结构，创造出能够考虑环境价值的、谋求公民最大福利的社会制度。政府通过将公众环境权益法律化、制度化、将公众参与的程序纳入政策制定过程，进一步加强社会制衡的作用。日本《环境基本法》本身就是一部充分考虑公众参与程序的法律，并且在制定法案过程中广泛吸纳了公众的意见和建议。《环境基本法》中有关公众参与的规定主要包括：首先，明确规定了企业和国民进行环境保护的职责。要求国民应当根据基本理念，努力降低伴随其日常生活对环境的负荷，以便防止环境污染。其次，重视民间环保团体在环境保护中的作用。规定国家应当采取必要的措施，促进企（事）业者、国民或由他们组织的民间团体自发开展绿化活动、再生资源的回收活动及其他有关环境保护的活动。以环境基本法为指导，日本单行环境法如《大气污染防治法》《水污染防治法》对公众参与作了具体的规定。再次，确立了环境公益诉讼制度。当行政机关的行为使国民完全被置于环境上的利益受到损害或有受到损害的危险的地位上，而通过其他程序却很难得到适当救济的时候，国民可以通过请求取消行政机关的处分及其他相当于公权力行使的行为的诉讼；公众可以就行政机关懈怠其职务（不作为）发动请求权，提起要求对侵权人课以义务的诉讼；由于环境行政上的措施的原因，地方公共团体支出了不必要的费用时，居民可以对该费用支出得当与否提起居民诉讼。最后，设立了私人污染防治协议制度，这种协议一般都是地方当局与排污方签订的。私人协议可规定较法律更严格的排放标准，还可以规定环境影响评价程序，地方当局（或市民）进行常规的监测和检查，甚至对污染行为实行严格责任制度。这种协议对配合公众压力去阻止工厂排污发挥了令人信服的作用。另外，日本法律明文规定：污染造成的人身伤害，可以直接由政府负责补偿。

3.3.2　制定有利于低碳发展的财税、金融政策

推进税收改革，征收全球气候变暖对策税（又称"环境税"），在石油、天然气和煤炭的进口、开采及精炼环节等方面课税，除征收煤和汽油等矿物燃料的税额外，居民也需要缴纳环境税，并将这些税款用于执行《京都协议书》的有关事项，减少温室气体排放。对环保企业给予财税政策支持，鼓励企业低碳生产并通过技术创新为社会提供低碳节能的消费品，使公众在购买时根据低碳化程度有所选择。构建绿色金融体系，引导金融机构积极承担二氧化碳减排的责任，在二氧化碳排放量信息披露上明确强制性要求，促使大量社会资金向低碳技术创新项目进行投资，帮助民间资金降低和规避投资低碳技术创新板块风险，从而为公众参与低碳发展

注入推动因素。此外，打造低碳经济金融资本市场，拓宽低碳经济融资道路并充实融资途径。鼓励企业的节能低碳行动，如朝日啤酒罐上就印有低碳标签，消费者每消费 1 罐啤酒，酒厂就要拿出 1 日元用于低碳社会教育。

3.3.3　推行"低碳社会"的基本理念

政府倡导国民改变资源浪费型的生活方式，奉行简单质朴的生活方式（衣食住行），日本国民低碳消费观念深入人心，日本节能中心定期向社会公众公布节能产品排行榜，既是对日本企业的鼓励与警示，同时也为消费者低碳消费提供指导。低碳社会建设已贯穿到日本居民的衣、食、住、行等各个层面。

1. 衣着方面

2005 年，日本环境省提出男士在夏天穿便装同时不准系上领带，冬天和秋天加穿一层毛衣，女士放弃穿裙子改穿裤子。夏天空调温度不再是之前的 26℃，而是被调整到 28℃，冬天调整到 20℃。据统计分析，仅夏天空调从 26℃上调到 28℃，就可节能 17%。

2. 饮食方面

经过研究，在饮食上设计出从购买到烹调再到丢弃的一系列节能低碳技术。比如在食物购进上，购买者购进应季水果或者蔬菜，而不再购买反季节蔬菜，这是因为反季节蔬菜在种植上需要付出更多的能源。尽量选择离居所近的购物场所，来节省运输消耗。在食物存储上，尽量少存储，冰箱温度也要随着季节变化进行调整。另外，冰箱尽量放在通风阴凉的地方，这样一年下来可以节约 45 千瓦时。

3. 居住方面

在建造房子的时候，对墙壁和地板的隔热性进行充分考虑，比如应该对窗户进行怎样的设计才能够更好地利用自然光，达到室内通风的目的等。日本家庭在有效利用热量上也有很多措施，例如有些家庭将洗澡用过的热水进行过滤之后再用来洗衣服。

4. 出行方面

很多日本家庭只是在旅游时候才会使用轿车，日常生活上下班，一般选择低碳环保的公共交通出行。在日本，公共交通相当发达，轨道交通遍布大街小巷，便捷性很好，并且尤其注重环保。居民开车的时候，也会注意采用节能环保的驾驶技术，不猛踩油门和刹车，定时检查车胎气压，防止超载。[①]

3.3.4　通过宣传提升公众低碳意识

日本政府认为，构建低碳经济体系，发展低碳经济，国民是主角，低碳社会的实现，需要建立完善的低碳社会系统和国民对这个社会系统的积极参与和支持，国民的理解和行动必不可少。因此，十分注重树立国民的低碳社会意识，借助于网络、报纸等媒体宣传节能低碳知识，形成了建设低碳社会的良好氛围与基本共识（见专栏 3 - 2）。环境宣传十分普及，随处可见低碳宣传招贴和指导手册，非常详细且实用。主流媒体经常主动发起低碳消费方面的议题、活动，通过宣传培育读者和观众的低碳消费理念，读者和观众转变观念后，反过来更加欢迎这方面内容，从而形成良性循环。媒体经常出现家庭节能运动的"能人"，他们在社会中树立了榜样作用，有效强化了低碳消费意识。媒体还经常举办一些以节约为主题的节目，寓教于乐，如"看明星如何用 1 万日元过 1 个月""抠门比赛"等。这些节目人气非常高，带动日本人发明很多新的节能低碳方法。为了唤起

---

① 王京珏、吴敏：《浅析日常生活与日本人的低碳环保意识》，载于《辽宁工业大学学报（社会科学版）》2012 年第 5 期。

国民的低碳意识，日本政府设法让国民知道自己排放的温室气体的具体数值，以及减排这些温室气体所需的费用，进而以国民意识和行动变革来促进产业结构以及企业经营方式的变革。同时，民间自发性的节能活动十分活跃。如东京都民间组织自发成立了"节能志愿者联络会"，这个组织和东京都政府共同实施"定点熄灯行动"，在同一时间内关闭城市主要建筑物的灯饰，以节约能耗。活动得到了东京市民的欢迎和支持，并坚持在每年 5～6 月的某个时间，将著名的东京塔、彩虹桥、新宿摩天大楼上的灯饰熄灭。目前，东京都的"定点熄灯行动"已传遍世界。节能意识已经成为一种国民的自觉意识，一种民族传统。据《读卖新闻》民意调查表明，71% 的日本人认为低碳消费要从我做起。居民普遍都以节约资源为荣，以浪费资源为耻。

专栏 3－2

日本丰田市低碳行动

日本丰田市位于名古屋市东约三十公里，人口 411137 人。1938 年，丰田汽车在该市诞生，此后该地区汽车行业发展较为迅速，并成为以汽车产业为核心的工业城市。2009 年，丰田市获评为日本十三个低碳示范城市之一。丰田市低碳行动特点是：以居民为主体，以生活圈、社区为单元，力争实现能源利用的优化。丰田市低碳社会系统实证推进协议会（以下简称协议会），是该项目实施的重要职能机构，丰田市市长担任该会会长，协议会的成员组织包括名古屋大学、爱知县、丰田市、三菱、富士通、夏普等团体和企业组织。该协议生效的第二年，丰田市开始展开"家庭、社区型低碳城市构建实证项目"。项目按照居民活动的路线、日常生活的出行方式乃至整个生活范围，在整个社会推进能源利用的优化工作。丰田市以及丰田汽车、交通、流通、能源和住宅等相关政府以及企业，完成了新一代低碳能源与社会系统构建的实证活动。同时，构建日本版的智能社区，使能源管理进入住宅示范楼，核心内容是将一切设备上的节能、创能以及蓄能功能统一成为一个整体，来实现真正的自产自用。比如在引入社区太阳能发电系统的时候，对系统中的措施成本进行控制，尽量使其成本维持在较低水平；通过家电遥控器对各种电器能耗状况进行监测，并时时调节维持在节能指标要求范围内；环保汽车夜间进行充电，以保证剩余电能储藏进蓄电池设备内，有利于调节家庭电力消费。

资料来源：作者根据相关资料整理。

3.4 美国的主要经验与做法

美国作为最大的发达国家，人均温室气体排放量较大，特别是能源资源丰富，节能低碳在美国国家战略中不占主导地位，但在环境保护公众参与方面，美国仍然具有很多有益的经验和做法，值得关注。

3.4.1 保障公众知情权、参与权、健康权等环境权利

美国环境立法历来重视公众参与，1969 年制定的《国家环境政策法》为公众参与环境保护作了原则性规定，认为每个人都可以享受健康的环境，同时每个人也有责任参与环境改善与保护。为保障公众参与环境保护，建立了环境信息公开制，在主要环境立法中，都规定了环境信息对公众公开的必循条款，且通过专门的《应急计划和社区知情权法》保障公民的环境知情权。美国首开公众参与环境影响评价制度的先河。1969 年《国家环境政策法》将环境影响评价制度纳入其中，并对公众参与做出了原则性规定，指出联邦行政机关在进行环境决策之前进行环境影响评价，编制环境影响评价报告书，并向公众公开，听取公众意见。之后的《国家环境

政策法实施条例》又对公众参与进行了详细规定。美国的环境影响评价制度有力地保障了公众参与环境事务决策的权利。美国在环境立法中还确立了环境公益诉讼制度，公众可以对污染破坏环境的企业、私人和不履行法定义务的环保部门提起环境公益诉讼制度，确保公众环境权益受到损害时能够获得救济途径。例如为了减轻原告的诉讼费用负担，鼓励公众对行政机关进行监督，《清洁空气法》规定法院可决定诉讼费用（包括合理数额的律师费和专家作证费）由诉讼双方的任一方承担。这规定意味着原告的诉讼费用有可能由被告负担。为了方便公民进行诉讼，各单行环境法规规定了较完备的相关条款。

公众参与环境保护在法律中有很多具体的规定。比如美国法律详细规定了有害废弃物的处置措施，且规定在处理废弃物的许可证审批过程中公民必须参与进去。这类公司的商业活动对公众健康或生态环境具有潜在威胁，公众有必要了解废弃物的种类以及业主的管理方法，另外，公众参与可以帮助废弃物经营公司制订其经营计划。例如，当地社区通过向此类公司提供有关幼儿园的具体位置，可以使公司优化运输废弃物车辆行驶路线，避免运输时可能发生废弃物污染事故对儿童健康造成危害。对审批经营许可证的各级环保部门来说，公众参与提供了很多重要的决策信息。此外，像许可证延期、更新以及处理装置试车等，法规也对公众参与有具体规定。

公众参与在许多环保问题上对决策有很大影响。在美国环保署的裁定过程中同样也有公众的广泛参与。在公众的意见被全面考虑后，环保署要对原先拟订的裁定做出必要修改。最后的裁定必须发表在联邦登记册上，而且还要向发表意见的公众给予书面答复。公众参与对于美国环保署工作有很大的监督作用。公众参与帮助美国环保署第四区审阅过许多环境整治调查报告以及危险性评估报告，并对这些报告提出有关意见。由于这些意见会作为记录而有可能被大众查阅，环保局对这些意见会处理得比较小心。这些意见一般也就会成为环保局对于报告的意见。

3.4.2　通过经济手段鼓励公众践行节能环保低碳

美国制定了一套完整的生态税收制度，美国的汽油税鼓励民众使用节能型汽车；对收益超过 200 万美元的法人，超过部分按 0.12% 税率征收环境收入税；出台税收优惠政策鼓励购买节能环保产品；对符合节能指标的商用或居住用建筑及设备设立抵免税。凡在规定标准基础上节能 30% 以上的新建建筑，可以减免税 1000 美元，节能 50% 以上的新建筑，可以减免税 2000 美元。个人消费方面，私人住宅更换室内温度调控器、换窗户、维修室内制冷制热设备的泄漏等，也可获得全部开销 10% 的税收减免。设立国家建筑物节能目标以实现"碳中和"或"零碳排放"。美国各州政府还根据当地实际情况，制定了地方节能产品税收优惠政策。如加州对购买节能型洗碗机、洗衣机、水加热设备，提供 50～200 美元减税额度。[①]

3.4.3　鼓励企业和非政府组织积极履行节能减排社会责任

在法律法规约束和社会监督下，美国企业节能减排意识都比较强。企业除了采用先进的节能减排技术设备外，还积极支持配合政府实施相关节能减排项目。如南加州天然气公司作为美国最大的天然气销售公司，除自身采取积极节能减排行动外，还采取各种措施提高客户的能源使用效率。如 2009 年对独立家庭节能改造返还项目提供了 510 万美元资金支持。2006～2008 年，公司用于节能减排社会公益方面的资金总计达到 1.1 亿美元。

美国自下而上的环境保护运动开展较早，公民环境意识普遍较高。各类民间环保组织活跃而政治能量巨大，在各级政府部门、专家系统和科研部门之外形成环境保护的第三股势力。采用法律手段实现对污染和生态破坏的治

---

① 吴迎春：《建设节约型社会：外国节能政策面面观》，载于《人民日报》2005 年 2 月 1 日。

理、补偿、监督与控制，督促政府作为解决环境问题，是它们常用的策略。美国还拥有大量的行业协会、科研机构，如世界资源研究所、大湖区行业委员会、大湖区州长委员会等，这些机构拥有世界一流的科研能力和行业管理经验，经常为美国各级政府充当智囊团，成为政府和企业之间沟通的桥梁，对各州乃至联邦政府政策及可再生能源和节能发展战略的制定发挥着重要的作用。一方面，他们帮助政府制定相关的能源政策、节能减排标准和激励政策；另一方面，在能源政策和节能减排的实施过程中发挥着作用。

3.4.4　倡导绿色低碳生活

美国高度重视控制空气污染。无论是汽车尾气排放，还是生活、工业垃圾处理，都有严格规定。许多地方政府对碳排放也制定了严格的标准，从家庭到社区，各种燃油替代措施处处可见。如纽约市政府在地铁站口建立了大量公共自行车租赁设施，民众刷卡就可以取车然后到任何一个距离自己目的地较近的地方把车归还，大大减少了汽车碳排放。民众也自觉改变生活方式，推广使用回收再生产品的社会活动比比皆是，提倡步行以减少使用楼层较低的电梯等。美国的低碳教育与实践紧密联系，成为培养学生创新能力的一项重要活动。学校开办各种和环保低碳有关的课外兴趣小组，鼓励学生进行研究创新，并且还设立了相关的奖励。

3.5　瑞典的主要经验和做法

瑞典是在节能环保、低碳发展方面独具特色、成效显著的发达国家，其许多做法在当今世界处于引领潮流的地位。

3.5.1　健全低碳经济税收体系

瑞典早在 1991 年就实施了整体税制改革，通过立法确立了碳税，约束化石燃料消费、减少二氧化碳并加速产业改革与创新，纳税人为能源和交通行业、地区供热产业、服务业及私人家庭。1993 年开始针对不同部门和不同用途设定不同税率，并沿用至今。除碳税之外，与时俱进推进低碳经济税收体系的设计构建，相关税种逐年增多，规模不断扩大，已囊括了能源税、汽油税、硫税等多个税种。自碳税实施以来，瑞典社会生产跨入了一个新时期，经济发展保持良好态势的同时，温室气体排放逐年减少，产业结构也从依赖传统化石能源转变为以可再生能源为主的低碳能源结构。

在政策引导下，企业研发节能环保产品的积极性不断提升。政府与汽车制造企业共同联手，深度合作，加大环保车型研发力度，不断推陈出新，环保汽车市场十分活跃，深受广大民众的欢迎。得益于优惠补贴政策，汽车企业不遗余力推动环境友好型汽车销售。瑞典环保汽车销售在整个欧洲一直居于领先地位。据统计，2008 年 35% 的新售车辆属于环保型汽车，比 2007 年增长 86%。在家用电器行业，大力实施低碳技术标准化，低碳技术得到广泛运用，以瑞典伊莱克斯电器股份有限公司（Electrolux）为代表的家电企业已成为世界环保技术的标杆。

3.5.2　充分发挥专业研究机构、非政府组织的作用

注重发挥研究机构在低碳技术研发中的主力军作用，着力突破低碳发展中的技术瓶颈。如瑞典环境科学研究院（IVL）是欧盟在能源环境领域领先的科研机构，主要从事气候、能源、空气、交通、水资源、可持续产品、可持续建筑等领域研究，旗下有瑞典最大规模的环境专家团队。作为瑞典 30 家公立研究协会之一，瑞典环境科学研究院接受来自瑞典政府、瑞典环保署、瑞典国家工业和技术发展委员会、瑞典工作环境基金等方面的资金援助。在业务上，瑞典环境科学研究院专注环境问题研究的同时，还担任着对与环境有关的实体组织提供咨询服务的责任，并将其最新研究成果纳入咨询服务中。此外，瑞典有众多专业研究机构还积极发挥智库作用，运用自身的研究成果为政府政策制定提供支持。

众多非政府组织、非营利性机构、民间环保组织在低碳社会建设中同样发挥着重大作用。团体成员关注环境问题主要基于对环保事业的热忱，服务多为自愿、无偿行为。瑞典拥有众多以环境保护为核心业务的民间组织，一些组织的社会影响力甚至越过了国界，具有较大的国际影响力。比如，瑞典自然保护协会，大部分瑞典国民为该协会会员，协会在推动全社会重视环保方面发挥着重大作用；美化瑞典基金会是一个非营利性组织，长期致力于增强公众环境保护意识，反对乱丢垃圾，促进资源回收利用，追求经济社会的可持续发展，在瑞典具有重大社会影响力。

3.5.3　建设系统完善的低碳生活基础设施

瑞典为推广低碳生活方式，十分注重建设便捷、高效的低碳生活基础设施，为公众低碳生活创造良好的条件。

瑞典建立了最为方便快捷和人性化的公交系统。首都斯德哥尔摩有北欧地区规模最大的公共交通系统，包括地铁、郊区铁路、两条市区铁路、三条轻轨系统、电车，还有大量的公共汽车线路和渡轮。城市中每十人就有四人是通过公共交通系统在市内通勤。负责运营的公共交通公司在整个斯德哥尔摩省有一个公共的票务系统，不用多次买票就可以在不同类型交通工具上方便换乘。公交通票在大斯德哥尔摩区内地铁、火车、轻轨、轮渡都通用。而且公共交通设置和服务非常人性化，方便居民乘车。火车、城市地铁有到达时刻表，公交巴士也有时刻表，司机严格按照时刻表来开车，时刻表可以在乘坐的巴士上拿取，可以在网上查询，也可以手机查询，非常方便，大大减少了乘客的等待时间。公交线路遍布城市、郊区各个角落。还有专为老年人服务的老人大巴，可以直接开到小区公寓楼前。巴士站点设置大巴到站倒计时显示屏幕，误差一般都在 1 分钟以内。大巴车上除设有老年人、残疾人专座外，还有放置婴儿车、老人车的位置。

瑞典将垃圾分类回收、处理利用视为低碳发展的核心手段之一。垃圾分类回收系统非常便捷、高效，经过实践操作和总结研究，创设了一套独具特色的垃圾回收利用、处理系统，努力实现变废为宝。关于垃圾分类回收的知识、习惯从儿童时期起便开始灌输与培养，促使广大民众都具备系统、清晰的垃圾分类流程知识以及自觉、积极的参与意识。垃圾处理系统包括：（1）居民垃圾处理系统，瑞典家庭习惯在厨房水池下或抽屉中放置不同的垃圾收纳器，分别用于收集玻璃、金属、纸张、塑料和厨余垃圾等各类生活垃圾。某些居民厨房水槽里安装了食物垃圾粉碎机，垃圾绞碎统一收集后，由垃圾运输车直接运输至沼气场，投入沼气生产。每个小区或楼房附近都有垃圾回收间，专门收集已分好类的垃圾，或放置闲散物品供有需要的居民自行取用。（2）超市回收站，超市在垃圾回收处理中占据了重要一环。大中型超市均设有回收站，分类摆放着各种垃圾箱，标明了垃圾回收的类别和图案。分类极其细致，玻璃制品连有色的和无色的都要分开。（3）饮料包装押金回收制度，为确保饮料包装回收率，特别设计了"饮料包装押金回收制度"，任何饮料瓶都有关于该饮料瓶押金数额的标示，一般为 0.5 ~ 2 瑞典克朗。顾客购买饮料所支付的价格同时包括了饮料价格和饮料瓶的押金，顾客若想拿回押金，则必须把饮料瓶投入回收。超市门口都设有专门的回收机器供顾客自助投放回收。顾客凭打印的小票便可以到超市退款或者在购物时直接抵扣购物款。这种激励措施使普通瑞典家庭上超市前习惯性带上空饮料瓶和易拉罐，很多瑞典儿童走上街头担当收集废弃饮料瓶的"小清洁工"。（4）定点垃圾收集站，对于大件垃圾或特殊垃圾如家电、家具、灯泡、电池、树枝、泥土等，政府专门设置了定点垃圾收集站，居民需自行开车将其送往指定垃圾收集站，并自觉将每一件垃圾按要求分类归放，提高后续处理效率。

3.5.4　广泛开展低碳宣传教育

瑞典构建了完善的环保低碳宣传教育体系，从幼儿开始，瑞典公民就不断接受灌输环境保护理念，一直延伸至小学、中学、大学等各个层面教育培训，低碳环保意识渗透到社会各个领域（见专栏 3 - 3），指导着瑞典民众身体力行支持建设低碳社会。

专栏 3 - 3

斯 德 哥 尔 摩 的 哈 马 比 社 区

斯德哥尔摩的哈马比社区（Harmmarby Community）是欧洲众多社区试验项目中的优秀典范，它不仅是瑞典生态社区建设的一个成功样板，同时也为全世界低碳社区建设提供了良好示范。各国政要领导、环保领袖到访瑞典，哈马比社区都是必须走访的一站。

哈马比低碳社区集中展现了瑞典独特的低碳社区设计理念，先进的住宅技术，高度的住宅产业现代化水平，以及完善的法律标准与配套激励政策。在哈马比模式的外层下，其内核是公众积极融入其中的社区生态模式：

从总体上看，哈马比社区的投资建设不止着眼于传统的低碳基建领域，对社区民众的低碳教育也是其重要组成部分。哈马比模式自身构筑一个相对完整而独立的社区生态模式，通过对社区居民环保意识的不断灌输，运用签署"社区环保契约"、开设低碳课堂、树立环保模范及推广低碳广告等方法传递关于环境友好型生活方式的重要信息，实现社区居民对于低碳生活方式的接纳与支持。

具体来说，哈马比社区将大约80%的环境保护理念体现于基础设施建设中，如节能、节水、节材、节地等规划建设措施，而剩余的20%则留给了居民的自觉环保行动，如节能减排、绿色交通、废物回收等，即社区20%的环境承载力来源于居民行为方式的选择。这便意味着，当地居民有义务选择较为低碳的生活模式，在经过社区教育后也有能力选择环保的生活方式，如选择公共交通，或与其他小区住户"拼车"，利用可循环材料、消耗更少、效益更高的可再生绿色能源，并且使用能源节约型产品，自觉实施废物分类回收利用等。

资料来源：作者根据相关资料整理。

3.6 各国经验对我国的启示

我国作为最大的发展中国家，虽与发达国家国情不同，但在工业化、城镇化和低碳发展过程中面临的问题与发达国家当年具有相似性，发达国家的经验对我国加快低碳社会建设、完善相关战略和政策具有一定的借鉴意义。

3.6.1 政策制定层面

国家的法规、发展规划和政策，是公众参与低碳发展的基础，发达国家的经验表明，公众参与低碳发展需要政府提供重要的制度基础和法制保障。

一是要建立顺畅的公众参与制度渠道。环境权益是公众的基本权益。保护生态环境和全球气候，既是公众生存和发展的重要权利，也是重要的责任和义务。公众参与低碳发展，既是公众履行社会责任的过程，也是公众行使权利的过程。公众行使环境权利，履行环境责任，一方面要通过自身积极行动，践行低碳发展理念；另一方面也要享有参与环境决策的权利和畅通的参与渠道，通过监督政府和企业行为，维护环境权益。环境信息和低碳发展信息是公众参与的前提，各国普遍建立了环境信息公开制度，保障公众环境知情权。环境影响评价制度是公众参与环境决策的重要途径，各国通过建立环境影响评价制度规定公众参与的范围、方式、程序，促进了公众对企业项目和政府审批程序的了解、监督。各国建立的环境诉讼制度，赋予公众对违反环境法律规定的政府机关和破坏环境的企业及个人进行起诉的资格，增强了公众维护环境权益的能力。

二是要健全公众参与法制保障。责任的确立和权利的赋予离不开法律法规的保障，因此法制建设是各国规定公众环境责任和环境权利的重要手段。通过积极构建公众参与环境保护和低碳发展的法律法规体系，建立和完善公众参与制度，落实公众责任和权利，引导和规范低碳社会建设。

三要建立鼓励和支持公众参与的政策体系。应对气候变化，建设低碳社会，需要公众参与，也需要不断提高公众参与的积极性和参与能力。在推动公众参与低碳社会建设中，要注重制定和完善税收、补贴、金融等政策，发挥政策鼓励、支持和引导作用，支持低碳技术研发和低碳经济发展，引导公众改变高碳的消费结构，刺激公众低碳消费，推动形成低碳消费市场，培育公众养成低碳生活方式。

3.6.2　经济发展层面

碳排放与经济结构和能源结构密切相关，低碳发展，最根本的是要实现经济结构和能源结构的转型，因此，公众参与低碳发展，最终要体现在经济发展层面。

一是要确立绿色低碳发展的政策导向。低碳发展，首先体现在经济社会发展战略和政策导向上。发达国家在推动低碳社会建设过程中，均制定了低碳发展相关战略规划，明确中长期低碳发展目标和路线图，并且从产业、能源、技术、城市建设等各方面，加快向绿色低碳转型。经济发展的各项政策也围绕低碳转型进行调整，健全有利于低碳发展的财税、金融、社会政策体系。这为公众参与低碳发展创造了良好的社会条件和前提。

二是要建立健全公众参与低碳发展的基础设施。低碳发展理念体现在经济社会发展的方方面面，发达国家经验表明，公众参与低碳发展，除了应该具有良好的低碳意识，还要有便捷、经济的低碳生活基础设施做保障。因此，倡导低碳生活方式，离不开低碳公共交通体系、低碳垃圾回收处理体系、低碳生活服务体系等各方面基础设施的配合。

三是鼓励绿色低碳创新。低碳发展是一种新的可持续发展模式，需要创造新年的业态，研发应用新的技术，创造新的经验和解决方案。这就需要在全社会大力倡导绿色低碳创新，形成新的低碳经济增长点，创造新的低碳产业和就业岗位，才能实现经济社会可持续发展。其中，企业在低碳发展中具有主体地位，推动企业的低碳转型，是低碳发展的关键环节。

3.6.3　组织管理层面

低碳发展是一项系统工程，需要发挥各个层面的积极性，发达国家的经验表明，在低碳发展的组织管理过程中，既要发挥政府在低碳发展中的主导作用，又要充分发挥好非政府组织和专业机构的作用，形成推动低碳发展的合力。

一是要发挥好政府的主导作用。"政府承担着环境监管的责任。政府负责还是无所作为、不作为，是关键所在。"① 由于低碳发展具有外部性特征，政府需要在低碳发展中发挥主导作用，在凝聚全社会共识的基础上，确立国家低碳发展的长期目标、主要任务以及支持政策，建立和完善低碳发展的基本制度，并未公众参与低碳发展创造条件、提供渠道和平台。

二是要发挥社会团体的作用。非政府组织、非营利性机构、专门的民间环保组织在低碳社会建设中具有重大作用。环境非政府组织作为社会力量参与环境治理和低碳社会建设，能够弥补"市场失灵""政府失灵"，促进社会与政府、市场合理分工。他们利用自身资源和能力为社会提供各种专业性服务，对公众进行环境教育，参与环境事务决策并对政府和企业进行监督，维护着公众的环境权益。国际经验表明，如果各个民间团体能够影响决策制定过程，被审查的项目就被认为带有更多的合法性和更少的敌意，而且如果地方的价值观能包括进来，专家的知识也得到公众的检验，则最后的决定肯定会更好。

三是要发挥专业研究机构的智力支撑作用。低碳发展涉及领域非常广泛，不论是政府制定政策还是企业制定发展战略，都需要专业研究机构提供专业支持。专业研究机构能够利用自身学科优势，集合机构科研资源，

---

① 厉以宁：《工业化和制度调整》，商务印书馆 2010 年版。

针对低碳发展不同领域进行科学研究探索，这是低碳发展知识更新的重要方式。同时，专业机构也是低碳技术的主要研究者，这对企业改进生产系统，实现产品更新，具有决定性意义。

3.6.4　社会文化层面

发达国家的经验表明，低碳发展只有成为一种社会文化，才能真正渗透到经济社会发展的各个方面，持久发挥文化的潜移默化作用。

一是要倡导建立低碳社会文化和主流意识形态。公众参与低碳发展，意识和观念是首要的前提。因此，只有积极培育低碳社会文化，使低碳发展成为全社会的主流价值观，使公众从根本上理解了低碳发展的意义，低碳发展才能真正融入普通民众生活中，并愿意为此节约资源、杜绝浪费、节能减排，进而在全社会形成健康、环保、绿色的低碳生活氛围。例如，在德国，由于环境保护的观念深入人心，全社会都自觉执行不允许砍伐森林和树木的法律规定，并大力开展植树造林运动，德国绿化率达到70%以上。尤其困扰许多国家的噪声污染在德国已不是问题，安静成了德国的最大特色。

二是要发挥新闻媒体的宣传引导作用。低碳宣传是提高公众低碳发展意识的重要途径。在建设低碳社会过程中，积极发挥电视、广播、报纸、杂志等新闻媒体作用，并且注重创新宣传形式，寓教于乐，使低碳发展理念日益深入人心。政府、企业和非政府组织都将媒体作为重要的宣传引导平台，传播低碳发展理念，夯实公众参与低碳发展的思想基础，促进了公众环境素养和低碳意识不断提高，进而增强了公众参与低碳社会建设的自觉性和积极性。

三是要建立全社会低碳教育体系。各国都非常重视并大力开展低碳教育，环境保护教育理念灌输从幼儿开始，各类学校开设环境教育课程，提高学生的环境意识，非政府组织通过开展形式多样的低碳社会活动，加深了公众对建设低碳社会的认识，提高了公众对低碳社会的关注度，引导公众树立起低碳生活理念。多元主体、多种形式，形成了低碳教育的强大合力，民众不仅环保意识普遍较强，更身体力行地加入到保护环境的实践中。环保意识渗透到社会各个领域。

总之，发达国家的经验表明，环境和气候变化问题的解决，离不开公众的广泛、持久、深入参与。在可持续发展已成为当今世界主流发展理念的背景下，建立全球环境标准越来越成为各国共识。解决我国日益严峻的环境问题，除了在国家层面搞好顶层设计、完善制度法规政策外，最关键的还是要将解决环境问题的层级下沉，充分调动基层组织和公众的积极性和创造性，形成各方有效参与的社会治理格局，在基层创造出符合实际、各具特色的绿色低碳发展模式，才能保证国家有关政策有效落实，并创造出可复制、可推广、更鲜活的成功经验。

第4章

保定市低碳发展现状

4.1 保定市经济社会发展基本情况

4.1.1 行政辖区及历史沿革

保定市地处河北省中部，太行山东麓，冀中平原西部，北邻北京市和张家口市，东接廊坊市和沧州市，南与石家庄市和衡水市相连，西部与山西省接壤；市区北距北京 140 公里，东距天津 145 公里，西南距石家庄 125 公里，素有"京畿重地"、京津保"金三角"之称，是京津冀地区中心城市之一。

保定市总面积 22190 平方公里，其中，市区面积 2600 平方公里。截至 2015 年末，下辖 5 个市辖区、15 个县，代管 4 个县级市，设有 1 个国家级高新区，在全国属于下辖县市最多的地级市之一。拥有华北电力大学、河北大学、河北农业大学等 16 所高校。2015 年末，保定市常住总人口为 1034.9 万人，其中，城镇人口为 482.8 万人，城镇化率为 46.65%。保定市境内主要民族为汉族，人口比较多的少数民族有回族、满族、蒙古族等。

保定自古是京师门户，始终与历代首都北京关系微妙，这一名称始自元朝，意为"保卫大都，安定天下"，素有"北控三关，南达九省，畿辅重地，都南屏翰"之称。保定是传说中尧帝的故乡，有着3000多年的历史，是历史上燕国、中山国、后燕立都之地，境内文物古迹众多，如直隶总督署、清西陵、北岳庙、定窑遗址等。元明清开始，保定一直是畿辅要地，尤其是清朝将其作为直隶省会治所，是直隶总督驻地，而直隶总督位列"疆臣之首"，开启了保定300年的河北首府历史。此后，保定为中国近代史上重要的区域性政治中心。新中国成立后，保定曾两度为河北省省会。1958年，河北省会从保定迁往天津，此后，天津市恢复直辖，1966年河北省会又迁回保定。1968年河北省会由保定迁往石家庄，从此保定失去了河北政治中心的地位。1967年，有"万岁军"之称的解放军王牌部队38军调防保定，拱卫京城。"一五"时期，全国156个重点建设项目，其中有8个落在保定，至今还有不少人知道保定西郊有八大厂。①

4.1.2 自然地理及气候条件

保定市地势由西北向东南倾斜，地貌分为山区和平原两大类。以黄海高程100米等高线划分，山区面积10988.1平方公里，占总面积的49.7%。平原（含洼地）11124.9平方公里，占总面积的50.3%。保定市位于海河流域大清河水系的中上游。大清河上游分为南北两支。北支水系上游为拒马河，自北京张坊镇出山口以下分为南、北拒马河。北拒马河在涿州市境内有胡良河、琉璃河、小清河汇入后称白沟河；南拒马河在定兴县北河店有北易水、中易水汇入，白沟河、南拒马河在白沟新城汇流，以下称大清河。南支水系有潴龙河、唐河、孝义河、府河、漕河、萍河等，均汇入白洋淀。大清河水系流域面积4.3万平方公里，白洋淀以上流域面积3.1万平方公里。境内水系的最大特点是呈扇形分布，自成水系。保定市主要行洪河道有5条，即永定河、白沟河、南拒马河、

---

① https：//baike. baidu. com/item/%E4%BF%9D%E5%AE%9A/84913？fr = aladdin。

新盖房分洪道和潴龙河，河道总长 202 公里，堤防总长 372 公里；一般行洪河道 9 条，河道总长 236 公里，堤防总长 393 公里。白洋淀周边堤防长 153 公里。还有众多的支流行洪排水河道分布于山区、平原。东部有三个分洪滞洪区，即小清河分洪区、兰沟洼蓄滞洪区和白洋淀蓄滞洪区，总面积 1366 平方公里，区内人口 84 万人，耕地 102 万亩，设计滞蓄水量 26.5 亿立方米。从地形来看，白洋淀为整个华北平原地势低洼之地，安新县东部最低海拔仅 5.5 米。由于对蓄滞洪区的人口和产业发展的管制措施，区内人口和产业密度较低，但由于多年来白洋淀来水偏少、数次干淀，人们对这一地区洪涝的警惕性有所下降，占用蓄滞洪区从事产业活动有所增加。在全球气候变化大背景下，如果遇到极端天气发生重大洪涝灾害，地处"九河下梢"的白洋淀等蓄滞洪区的防洪排涝能力将经受重大考验。2017 年 4 月 1 日，国务院宣布在保定的雄县、安新、容城三县设立河北雄安新区，作为疏解北京非首都核心功能的集中承载地，并作为"千年大计、国家大事"开发建设。雄安新区正是位于白洋淀之滨，处于九河下梢、地势低洼的地理位置，考虑到气候变化等因素，其规划建设，首先必须充分研究防洪排涝和应对极端气候事件的要求，打造出坚强的气候友好型城市。

保定市又属于淡水资源较为缺乏的地区，除了雨季，地表河流常年基本处在干涸状态，多年平均地表水资源量 16.20 亿立方米，多年平均地下水资源量 22.23 亿立方米，多年平均水资源总量 29.78 亿立方米，多年平均入境水量仅 6.32 亿立方米。

保定市境内矿产资源主要分布在山区 9 县，截至 2015 年，全市已发现矿产 77 种，已探明储量的 59 种，开发利用 33 种，主要矿种有煤、铁、金、铜、铅、锌、钼、花岗岩、大理石、石灰石、陶瓷原料等金属及非金属矿产。其中煤矿 5 个矿区，保有资源储量 1.56 亿吨；铁矿 20 个矿区，保有资源储量 2.25 亿吨。

从气候条件看，保定属暖温带大陆性季风气候区，四季分明，春季干燥多风，夏季炎热多雨，雨、热同季，秋季天高气爽，冬季寒冷干燥。多年平均气温 13.4℃，1 月平均气温 –4.3℃，7 月平均气温 26.4℃。年平均日照时数 2511.0 小时，占可照时数的 56%。年平均降水量 498.9 毫米，年平均降水日数为 68 天；降水集中在每年 6 ~ 8 月，7 月最多。年平均风速 1.8 米/秒。年平均蒸发量为 1430.5 毫米。主要气象灾害有干旱、高温、雷暴、冰雹、大风、寒潮、大雾。[①]

4.1.3 经济发展现状

保定是一个曾经辉煌的城市，作为直隶省会和曾经的河北省会，这里是河北省乃至北方重要的政治、经济、文化和军事中心，新中国成立后，保定作为河北省会，地位依然显赫。但自 1968 年河北省会迁往石家庄之后，这座城市的命运走向转折点。由于省会城市有更强的资源配置能力，这使保定获得资源相对较少，保定的发展开始落后，经济发展在河北省的排名不断下滑。此外，保定毗邻北京、天津两个特大城市，地理位置优越，但这并没有为保定带来太多的辐射带动作用，反而"虹吸效应"显著，保定的人才、资金、项目等纷纷流向首都，成为保定发展的最大不利因素。

从人口规模和土地面积看，保定市属于中国最大的城市之一。根据最新的 2016 年中国城市人口排名，重庆市以 3048 万人位居第一，上海市以 2420 万人位居第二，接下来是北京市 2173 万人、成都市 1591.8 万人、天津市 1562 万人、广州市 1404.35 万人，此后就是保定市的 1034.9 万人，排名第七位。从土地面积看，保定市辖区面积 22810 平方公里，超出大部分城市，高于北京、天津、上海、广州等大城市。[②] 但从经济实力看，保定却已从河北的经济中心滑落到全省中游的地位，2015 年，保定市地区生产总值 3300.52 亿元（含定州），比上年增长 7.0%，在全省 11 个地市中

---

① https：//baike.baidu.com/item/% E4% BF% 9D% E5% AE% 9A/84913？fr = aladdin。
② 各地当年统计数据。

排名第 5 位，落后于唐山、石家庄、沧州和邯郸，且经济总量与排名第一、第二位的唐山、石家庄相差甚远，保定的经济实力不到唐山的一半，只是石家庄的一半多。从人均 GDP 看，2015 年保定人均生产总值 29067 元，远低于全省平均的 40367 元，更低于全国平均 5 万元，在全省位居倒数第二，只比邢台高。

2015 年，保定市地区生产总值中，第一产业增加值 353.5 亿元，增长 3.2%；第二产业增加值 1500.7 亿元，增长 4.7%；第三产业增加值 1146.1 亿元，增长 11.8%。三次产业结构为 11.8:50.0:38.2。保定市重点工业门类有新能源及能源设备制造业、轻型汽车制造业和纺织服装业。2015 年，保定市全部工业增加值 1248.5 亿元，比上年增长 4.0%。规模以上工业中，汽车、新能源、纺织、食品和建材等五大主导行业完成增加值 567.5 亿元，增长 4.8%，占规模以上工业的比重为 57.5%，比上年提高 2.3 个百分点。其中，汽车及零部件业增加值增长 12.1%；食品业增加值增长 5.0%；建材业增加值下降 5.1%；新能源及输变电业增加值下降 5.8%；纺织服装业增加值下降 15.8%。[①] 保定由于有"一五"时期国家布局的西郊八大厂，具备良好的工业基础，这些国有企业虽然在改革开放后一度经营困难，但现在有一些企业改制、重组成功。除此之外，保定还有两家大型民营企业长城汽车和英利集团，这两家企业奠定了保定市新能源和汽车的产业基础。除了英利之外，从事太阳能光伏应用的企业有上百家，形成了一个产业集群。与唐山、沧州、邯郸等重化工业城市相比，保定市工业结构偏轻，产能过剩的钢铁、石化等产业比重很低。近年来，保定市工业发展情况见图 4 - 1。

2015 年，全市能源消费总量 1876.99 万吨标准煤，煤炭占能源消费总量的比重较高。2015 年人均能耗为 1.81 吨标准煤，单位国内生产总值能耗为 0.65 吨标煤/万元。[②]

---

①②　《保定市 2015 年国民经济和社会发展统计公报》，http://www.tjcn.org/tjgb/03hb/34803.html。

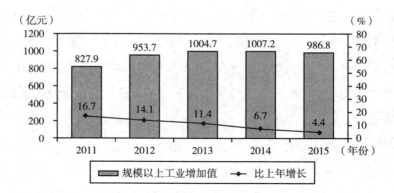

图 4 - 1   2011 ~ 2015 年保定市规模以上工业增加值及增速

资料来源：《保定市 2015 年国民经济和社会发展统计公报》，http：//www.tjcn.org/tjgb/03hb/34803.html。

4.2 保定市低碳发展的成效

保定市是全国低碳产业发展起步较早的城市，作为建设部与世界自然基金会（WWF）联合推出的国内最早的"低碳项目城市"和国家首批低碳城市试点，在推动低碳发展方面采取了一系列政策措施，形成了内陆城市有特色的低碳产业发展模式。

4.2.1 调整产业结构

围绕京津冀协同发展，控制大气污染，建设低碳城市，近年来，保定市在调整产业结构上出台了一系列政策措施，产业升级进程加快。

一是推进低碳优势产业发展。紧紧围绕新能源、汽车、电子信息等具有保定特色的优势产业，打造中国电谷、中国汽车城和电子信息产品制造基地。保定低碳产业发展发轫于 2006 年，始于太阳能利用设备制造，其后又发展了风能设备、储能设备制造业。实施低碳产业发展激励性措施，如对低碳产业领域新注册企业缴纳的"四税"（增值税、消费税、营业税、企业所得税），市分享部分全额返还；对原有低碳产业领域的企业形成的省、市分享的"四税"收入增量部分实行按比例返还。加强技术引进和研发力度，破解产业技术瓶颈。聘请了 15 位院士担任技术顾问，建立了 6 个国家级、9 个省级和 25 个市级技术研发中心。2015 年，新能源和能源设备制造业销售收入达到 276.6 亿元，形成了光电、风电、节电、储电、输变电和电力电子六大产业体系；汽车及零部件销售收入 1226 亿元，工业增加值 307.4 亿元，占 GDP 比重达到 10.2%，① 整车及零部件产能不断扩大。

二是改造提升传统产业。加快淘汰落后产能。按照"发展一批、转型一批、淘汰一批"的要求，实施"传统产业改造工程"，在重点发展新能源及能源装备制造业、节能产业的同时，推进电力热力、纺织化纤、建筑材料等高能耗产业节能改造。同时，加快淘汰落后产能。2011 年，淘汰小火电发电机组 1.66 万千瓦，淘汰小水泥、小炉窑等落后产能 21 万吨。2012 年，对纺织及化纤行业污水处理不达标和使用落后设备的企业全部关停和淘汰。2013 年，淘汰小水泥、小印染、小纺织、小造纸、小化工、小铸造等 12 个企业的落后产能 180 万吨。

三是推进现代服务业基地建设工程，充分发挥毗邻京津的区位优势，打造京南现代物流基地、休闲旅游基地和文化创意基地。安国、白沟、雄县大型物流中心建设成效显著；白洋淀、易水湖等旅游综合开发项目建设不断深入；保定动漫产业园等文化创意项目建设不断发展。2015 年，服务业增加值 1146.1 亿元，占 GDP 比重达到 38.2%。②

四是加快发展现代农业。全面普及现代农业生产技术，提高农业生产的规模化、集约化水平，实现由农业大市向农业强市的转变，推进"绿色农业基地建设工程"。2015 年，建成现代农业示范园区 81 个、规划总面积 139.4 万亩，建成面积 65.04 万亩，认定无公害面积 8.04 万亩，认证产品 73 个，认证绿色食品 34 个，有机食品 11 个，地理标志产品 4 个，注册商

---

①② 《保定市 2015 年国民经济和社会发展统计公报》，http：//www.tjcn.org/tjgb/03hb/34803.html。

标 56 个。初步形成了以阜平、曲阳、易县等为主的山区果品综合开发，以涿州、涞水、高碑店等为主的环首都现代都市农业，以定兴、满城等为主的高效设施农业，以安国、高阳、清苑等为主的传统农业改造提升，以雄县、徐水等为主的龙头企业带动等五种发展模式。目前，13 个国家千亿斤粮食核心区面积达 550 万亩，产量不断增加；日光温室、塑料大棚等设施农业面积 130 万亩；绿色农产品产地环境标准和产品质量标准不断提高，绿色无公害农产品基地达到 50 个。支持农业生态园建设。先后筹措资金12655 万元，用于农业生态园中的水系、基础设施、景观绿化建设。①

4.2.2　优化能源结构

能源领域是碳排放的主要来源，针对保定市以煤为主的能源供应结构，加快煤炭清洁利用，大力发展低碳能源，优化能源结构。

一是大力推进煤炭清洁替代。编制《保定市清洁能源替代实施方案》，大力推广燃煤锅炉"煤改气"工作。2015 年全市完成 600 多台、1300 蒸吨燃煤锅炉的燃气替代，减少分散燃煤 18 万吨。同时积极引入气源，推进完成了霸州至保定天然气输气管线、高阳—保定—徐水天然气输气管线建设；加快天然气基础设施建设，市中心城区建成天然气储配站一座，年接收能力 2.7 亿立方米，储气能力 8 万立方米，已有 11 个县接入管道天然气，有 6 个县实现了撬车运输保障供气，有 6 个县已展开天然气城区管网建设，全市天然气用气量从 2011 年的 2.99 亿立方米增加至 2015 年的 4.7亿立方米。截至 2016 年底，农村散煤压减替代完成 423.55 万吨，推广农村清洁燃烧炉具 3.0023 万台，超额完成目标任务。强力推进禁煤区气（电）代煤工作。划定北部禁煤区，共涉及荣乌高速以北、京昆高速以东 9个县（市、区），包括涿州、白沟新城、高碑店市全境，涞水、易县、定

① 《保定市 2015 年国民经济和社会发展统计公报》，http://www.tjcn.org/tjgb/03hb/34803.html。

兴、雄县、容城、徐水的部分区域，加快推进煤改气、煤改电工作，2016年，共完成改气、改电 21.06 万户，替代散煤 52.66 万吨。其中，建成区城中村完成 8.53 万户，替代散煤 21.33 万吨；农村完成 12.53 万户，替代散煤 31.33 万吨。组织实施煤电节能改造项目。

二是推进光伏应用示范。制定了《沿太行山光伏规模化应用示范带发展规划》，利用保定西部太行山脉"浅山、低丘、缓坡"的地势特点，大力发展光伏规模化应用，努力把太行山打造成"太阳山"。目前，太行山光伏示范带已建成和在建项目 39 个，总装机容量 460 兆瓦，位居全省第一。其中，曲阳县与中电投、三峡集团等企业合作，正在建设总投资 100亿元、占地 6 万余亩、中国最大的"山坡集中式光伏发电站"。在发展大型并网地面电站的同时，保定市还实施了企业"金太阳"屋顶工程，积极建设以分布式屋顶电站为辅、兼顾分布式光伏照明的"光储综合"型电站。目前全市分布式屋顶电站总装机容量达到 200 兆瓦以上。

三是持续开展节能降耗。重点推进电力热力、纺织化纤、建筑材料等能耗较高产业的节能改造，淘汰落后产能，加大节能降耗工作力度，实施"传统产业改造工程"。完成了电力、钢铁、水泥行业的深度治理，截至2015 年，淘汰小水泥、小炉窑等落后产能 399.8 万吨，10 蒸吨及以下生产经营性燃煤锅炉、茶浴炉已经淘汰完毕，10 蒸吨及以下分散燃煤锅炉，已完成集中供热或清洁能源替代改造 2532 台，纺织及化纤行业污水处理不达标和使用落后设备的企业全部关停和淘汰。[①]

4.2.3　加强低碳基础设施建设

重点是围绕建筑、交通领域，加强节能减排，发展可持续基础设施，降低污染物和碳排放。

---

① 《保定市 2015 年国民经济和社会发展统计公报》，http：//www.tjcn.crg/tjgb/03hb/34803.html。

一是积极推进建筑低碳化。制定出台了《开展绿色建筑行动、促进低碳保定发展实施方案》，明确了全市建筑节能和绿色建筑发展的目标任务。新建住宅节能标准由原来的65%提高到75%，新建建筑节能标准执行率达到100%。全市政府投资类项目、保障性住房、2万平方米以上大型公共建筑、建筑面积10万平方米及以上住宅小区，涿州生态宜居示范基地所有新建项目，自2013年11月1日起必须全面执行绿色建筑标准。结合淘汰燃煤小锅炉进行集中供热改造，做到热源、管网室内供热计量改造与围护结构节能改造同步进行，"十二五"时期共进行既有居住建筑三项节能改造225万平方米。全力抓好可再生能源建筑应用示范城市（县）实施工作，分期分批组织67个项目，折合可再生能源建筑应用面积达381万平方米，全市范围内所有12层及以下新建居住建筑和实行热水集中供应的医院、学校、饭店、洗浴场所等热水消耗大户，必须采用太阳能热水系统与建筑一体化技术，"十二五"时期全市新增可再生能源建筑应用面积1319万平方米，占全市新建建筑的比例为56.7%。

二是推进"农村节能普及工程"。把大力推广沼气利用作为"美丽乡村"建设的一个着力点，作为推动农村能源革命、发展循环经济、引领"低碳生活"的重要举措，促进了农村生产生活方式转变和环境改善。2015年，保定市已有沼气用户40.5万户，年产沼气1.3万立方米，减排二氧化碳6.28万吨，建池农户年均增收节支1300元，全市受益人口达到162万人，实现了经济、社会和生态效益兼得。加强对地热能开发工作的统筹规划和推动，坚持科学、有序、可持续地开发利用地热资源。截至2015年，全市已有地热井、泉200多眼（处），年开采量达1300万立方米，地热供暖面积达到1000万平方米，可替代标准煤11.8万吨，减排二氧化碳28.1万吨；规划到2020年达到3000万平方米，地热发电15兆瓦，可替代标准煤36.8万吨，减排二氧化碳87.6万吨。

三是发展低碳交通。结合"气化保定""万城千辆"试点工程，积极调整交通能源结构，大力推广新型路面材料的使用，推进新能源车辆的普及和推广，建立绿色、低碳的城市交通体系。2016年，市区主要交通路口信号灯全部完成了太阳能改造；完成 298 台气电混合动力车、820 台液化天然气客车和 900 台纯电动客运车辆的购置，市区出租车全部完成"油改气"工作；京昆高速隧道 LED 节能照明系统使用比率达到 60% 以上；完成了公交智能调度平台建设，"掌上公交"、公交网站等查询系统已经开通，私人订制公交平台已建立，智能管理、"IC 卡"等系统软件已调试完毕。

4.2.4 加强大气污染防治

按照国务院颁布的《大气污染防治十条措施》和京津冀大气污染防治措施，采取"壮士断腕"的措施，加大对大气污染的治理力度。

一是强力推进雾霾治理。为了确保实现 2017 年全市 PM2.5 浓度比 2012 年下降 33%，环境空气质量总体改善，重污染天数大幅减少的目标，制定了《大气污染防治总体工作方案》，重点实施了五大攻坚任务。全面替代改造分散燃煤锅炉，大力发展热电联产集中供热和天然气。深化工业大气污染治理。加快重点行业脱硫、脱硝设施建设，所有新型干法水泥生产线实施低氮燃烧技术改造及脱硝设施建设。推进挥发性有机物污染治理。严控"两高"行业新增产能，不再审批钢铁、水泥等产能严重过剩行业和炼焦、有色等行业新增产能项目。加强小型企业环境综合整治，对达不到验收标准的企业坚决淘汰。大力发展城市公交系统，提高公共交通出行比例。鼓励产业聚集发展，实施园区循环化改造、推进能源阶梯利用、水资源循环利用、废物交换综合利用、土地节约集约利用，构建循环型工业体系。严格节能环保准入。按照主体功能区划要求，合理确定重点产业发展布局、结构和规模，严格控制生态脆弱或环境敏感地区建设"两高"行业项目。加快推进位于城市主城区的钢铁、化工、造纸、涉铅等重污染企业和排放异味企业的环保搬迁改造。推进压煤、抑尘、控车、减排、迁企、增绿等治霾措施，全民动员净天、净城、净村。狠抓生态修复工作，完成《山水林田湖生态修复规划》编制，启动实施了环首都生态过渡带建设等六项生态工程。白洋淀纳入国家湖泊生态修复试点，连片美丽乡村建设取得初步成效。

二是开展城市环境治理"6S"行动。围绕整治污染源，清理城市脏乱差现象，把包含"整理、整顿、清扫、清洁、素养、节约"的现代企业"6S"管理模式引入城市环境治理中，制定了《保定市城市管理"6S"行动工作方案》《保定市城市环境容貌整治工作考评办法》，动员机关、事业单位、企业、社区等全社会力量，激发广大市民人人参与城市管理热情，树立主人翁意识，自觉投入城市环境治理的积极性，突出抓好重点社区、重点行业、重点企业、重点街道的污染治理。加强组织领导。成立城市管理"6S"行动领导小组，明确目标，落实责任，强化措施，加大投入力度，全力推动行动的开展。加大对城市环境治理"6S"行动的宣传力度，积极完善制度建设。对城市管理"6S"行动开展过程中的成功经验进行总结，对整治工作过程中发现的问题进行梳理，有针对性地对相关管理措施进行完善，建立健全环境卫生、行政执法、市场管理、园林绿化、户外广告、交通秩序等工作机制。

4.2.5 倡导低碳生活方式

保定市高度重视低碳和应对气候变化宣传引导，注重加强公众参与，引导全社会形成绿色低碳的生活方式和消费模式。

一是制定实施节能低碳全民行动计划，推进家庭社区、政府机构、学校、工业园区等专项行动，充分运用媒体，开展全方位、多渠道节能低碳宣传培训，广泛推行文明节约、绿色低碳的生产方式、消费模式和生活习惯。在组织好节能宣传周、低碳日等活动的基础上，拓宽市民参与渠道，创新开展针对性强的主题活动，充分调动各类主体参与节能降碳活动的积极性。

二是推进居民出行"交通节能工程"。为适度控制私家车出行，保定市制订了重污染天气私家车限行计划，推行了改造公交车的交通节能行动。2011 年，新建 5 座液化天然气加气站，98 辆液化天然气客车投入运营；2012 年，689 辆天然气城市公交车全部投入运营。同时，对市区主要交通路线开辟了公交专用车道，完成非机动车道、步行道扩建，方便居民步行和自行车出行。

三是推动节能减排向社区、公共机构延伸。开展"低碳社区"示范活动，引导居民节水、节电、节食的"低碳生活"，开展"低碳生活"实践指导，定期开展"低碳示范社区"评选活动等，创造了全国首个低碳示范社区标识，制定了全国首个低碳社区标准。在全市形成居民共建绿色环境，共享绿色生活的社会氛围。截至 2015 年，市政府办公大楼、全市 159 个社区完成了太阳能照明改造工程，每年节电 2100 万度，减排二氧化碳 1.7 万吨。长城集团等一批企业实现了节能灯具改造，使照明节能率达到了 52%。

四是支持低碳消费。执行补贴政策，拉动节能环保消费。截至 2015 年，财政累计补贴 15682 万元，销售电动车 44893 辆，太阳能热水器 434389 台。电动车销售和应用对替代燃油车辆、减少车辆废气排放发挥了重要作用，各种节能电器、太阳能热水器的广泛应用，对减少传统能源消费、减少碳排放发挥了积极的示范作用。

4.2.6 大力实施碳汇工程

紧紧抓住京津冀协同发展的历史机遇，结合创建国家级森林城市，保定大力开展全民植树造林活动，提高森林覆盖率和绿色植被汇集、固化二氧化碳的能力。制定完成了《全市生态建设战略总体规划》《生态系统保护与建设专项规划》《生态产业发展专项规划》《城市人居生态景观专项规划》《湿地保护与修复专项规划》四个专项规划。全面实施七大工程建设，加快城镇绿化和陆地生态走廊、西部生态安全屏障建设，构建"三网"、打造"四带"，境内京港澳、京昆、大广、荣乌、保沧五条高速及京石、保津高铁两侧绿化基本实现贯通，绿化里程达 1300 多公里。全市通道绿化率提高 5 个百分点，打造了环白洋淀林带建设、绿美廊道建设和现代林业园区建设等一批重点工程。开展太行山绿化攻坚行动。在太行山区完成造林绿化 52 万亩，其中封山育林 20 万亩。充分发挥果品、林木产业优势，推进六大果品基地建设为重点，打造了顺平神南三优富士基地、易县下黄蒿果品示范区、梁岗万亩优质苹果基地、涞源万亩核桃基地等一批技术含量高、经济效益好、带动能力强的现代林业产业园区，500 亩以上标准化果品生产基地达到 300 多个。苗木、花卉、林下种养、森林旅游等产业都得到新的发展。2011～2016 年，全市完成造林 300 余万亩，其中人工造林 210 万亩，封山 90 万亩。林地面积达 886 万亩，森林覆盖率达到 28.25%，较 2010 年增加 8 个百分点。全市果品基地总面积达到 285 万亩，年产果品达到 167 万吨。全市农田林网控制率、流域两岸绿化率、交通通道两侧绿化率分别达到 75%、65% 和 80% 以上；市区内人均绿地面积、绿地率和绿化覆盖率等"三绿"指标分别达到 9.28 平方米、33.9% 和 38.7%。国家林业局已正式批复保定市为国家储备林项目试点，并率先在 9 个贫困县大力推进国家储备林项目建设。

4.2.7 广泛开展交流合作

积极开展低碳领域的国内外交流合作。先后与世界自然基金会签署了全面合作框架协议，与瑞士发展合作署签订了《应对气候变化对话与合作备忘录》，与丹麦桑德堡市签订了《低碳城市发展合作框架协议》，并在低碳建筑、低碳社区园区等领域开展了课题研究工作。与冰岛盖锡尔绿源公司、恩莱克斯公司签署合作开发框架协议，编制了《地热资源勘查与开发利用规划》，出台了全省首个《地热资源管理办法》。与北京环境交易所签订了合作框架协议，准备选定相关企业参与碳交易活动。积极参加气候变化相关国际论坛，了解气候变化和低碳发展相关动态。通过开展交流合作、学习先进地区的低碳经验，保定市低碳城市建设思路更加清晰，目标更加明确，有力促进了低碳试点工作深入开展。

4.2.8　提高公众低碳意识

努力提高公众低碳意识。通过报纸、电台、电视、网络等多种形式广泛宣传低碳发展的政策、法规和知识。通过举办讲座、论坛等活动引导广大市民自觉加入到"低碳生活"的行动中。作为中国大陆第一个以官方名义参加"地球一小时"活动的城市，保定已连续 8 年参加熄灯活动，以实际行动展示公众携手，共同保护生态环境的信心和决心；开展了低碳知识进校园、进社区活动，提高广大市民和学生的低碳生活意识；利用全国低碳日举办全民低碳行动，号召广大市民通过每周绿色出行 1 天、少看 1 小时电视、手洗 1 次衣服、少坐 1 次电梯等力所能及的行动来节约能源资源。通过这些活动，培养公众的低碳环保意识，倡导人们在日常生活的衣、食、住、行、用等方面，自觉地从传统的高碳模式向低碳模式转变，减少二氧化碳排放。在机关定期组织开展低碳生活知识、环保法律法规政策等相关内容的培训，积极引导干部职工树立"低碳、节约"的生活理念。在企业大力开展"节约能源，保护环境"的宣传活动及开展小革新、小发明、小创新、小窍门等合理化建议活动。

通过政府支持和引导，企业、居民参与，保定低碳发展取得了积极成效。能源强度和碳排放强度显著降低。近年来，保定市的单位 GDP 能耗和碳排放呈现逐年下降态势。2006～2010 年，单位 GDP 能耗累计下降 20.38%，2011 年和 2012 年保定市能源强度继续保持了持续降低状态。在河北省 11 个设区市中，保定市能源强度仅略高于秦皇岛市，属于能源消耗强度和碳强度较低的城市。

▋ 4.3　低碳发展面临的挑战

低碳发展是一个需要持续推进的复杂系统工程，从低碳发展一般规律看，保定市还处于以降低能源消耗强度和碳排放强度为目标的低碳发展初级阶段，在积极推进低碳发展过程中，体现了自己的特点，取得了积极进展，也存在着诸多不容忽视的问题。概括起来，主要表现在以下方面。

4.3.1 城市功能定位和空间格局不够优化

保定地处北京、天津、石家庄三大城市的中间地带，从地理位置上看，这既是发展优势，也是发展劣势，由于三大城市中北京是首都、天津是直辖市、石家庄是省会城市，政治地位都远远高于保定市，因此，在原有的经济发展竞争框架下，保定市没有任何比较优势可言，反而由于虹吸效应的存在，在资源和人才竞争中处于下风。因此，从城市发展功能定位看，保定没有形成与周边大城市的优势互补格局，在产业发展上，北京以服务业为主，天津、石家庄以制造业为主，留给保定的产业发展空间十分逼仄和狭小，同时由于保定城市规模大、下辖县（市、区）多，就业人口多，导致主导产业优势不明显，产业发展方向不明晰，尽管在汽车制造、光伏发电等领域拥有几家龙头企业，但这些企业不足以支撑起整个城市的经济发展，因此，城市经济总体产业支撑不强，主导产业不突出，产业布局呈现小聚集、大分散的格局，特别是县域经济下，每个县都形成各自的产业特色，相互关联度低、产业层次和分工不合理，影响到城市总体经济实力的提升和发展潜力。

同时，由于保定城市辖区面积大、人口多，保定市城市发展规划呈现"小马拉大车"的局面。保定市低碳城市发展存在着主城区与周边县不协调的矛盾，城市经济的规模和水平远远达不到足以带动20多个县域经济的发展。中心城市凝聚力和带动力不足，城市规划呈现明显的"随遇而安"的特点，空间规划组团特征不明显，产业发展空间与城市发展空间布局不合理，城市服务功能和配套公共设施不完善，城市社区混合度不够，城区大部分空间为居民住宅楼和道路交通所占据，公共绿地和公共活动空间明显不足。由于低碳城市功能方向决定着低碳城市规划、建设和发展，城市功能定位不清晰，也会影响低碳城市建设和发展。2012年，保定率先制定了建设低碳城市的意见，但城市定位依然不够清晰，低碳发展目标缺乏连贯性和一致性。如何以低碳发展为导向，推进低碳城市建设和发展，需要进行深入考虑。同时，虽然主城区采取了一系列的治理碳排放措施，但周边许多县域产业仍然处于高能耗、高碳排放状态。特别是被保定市规划为"一城三星"的保定市区周边的县域经济发展中的"土小企业"数量较多，经营粗放，所需能源仍然以燃煤为主，加上近年来县域居民取暖和农户取暖的燃煤数量大量增加，存在着高能耗、高排放"县域包围城市"的矛盾。

2015 年，根据国务院批复，民政部同意对保定市辖区进行大调整，保定市辖区由 3 个变成 5 个，分别为竞秀区、莲池区、满城区、清苑区、徐水区。调整方案具体为：保定市新市区更名为竞秀区；撤销保定市北市区、南市区，设立保定市莲池区，以原北市区、南市区所辖行政区域为莲池区行政区域；撤销满城县，设立保定市满城区，以原满城县的行政区域为满城区的行政区域；撤销清苑县，设立保定市清苑区，以原清苑县的行政区域为清苑区的行政区域；撤销徐水县，设立保定市徐水区，以原徐水县的行政区域为徐水区的行政区域。调整后的保定市区面积由原 312 平方公里增至 2531 平方公里，市区面积扩大近 8 倍，市区人口由原 119.4 万人增至 280.6 万人。经过调整后，保定市行政区划由原 25 个县（市、区）变更为 24 个（含定州市、涿州市）。[①] 这一调整大幅扩大的保定市城区的面积，但由于新纳入的城区多为原来的县，城市规划水平滞后、产业发展层次不高，基础设施不完善，在此基础上保定市优化空间格局、加快低碳发展的任务更为艰巨。

作为疏解北京非首都功能的集中承载地，雄安新区的设立，对保定影响巨大。雄安新区与保定市区距离仅 30 公里，目前正在进行总体规划，未来保定市规划和城市功能如何与雄安新区对接，共同实现绿色低碳发展是一个重大课题。

---

① 新闻报道：国务院同意调整保定市部分行政区划，http://www.baoding.ccoo.cn/bendi/info-121790.html。

4.3.2　产业结构和能源结构高碳特征明显

保定市虽然不像河北其他重工业城市如唐山市、邯郸市、邢台市、石家庄市等设区市拥有规模较大的钢铁、化工制药等重化工产业，但保定市由于经济发展水平相对较低，传统产业改造提升相对滞后。目前，全市机械制造、造纸、建材、塑料加工、铸造、化工等行业的煤耗量较大，传统产业数量多、企业规模小，再加上分布在市区周边的县域内的数量众多的小企业，增加了能源消耗和碳排放控制的难度。

同时，保定市以低碳产业基地而著称，特别是太阳能发电设备、风力发电设备、储能转化设备、节能灯具产品等，在全国乃至全球具有重要地位，成为名副其实的新能源及能源装备制造基地，并形成了完整的产业链条。但低碳产品制造本身并不低碳，在产品生产制造环节需要消耗大量能源，一些还会产生污染排放，在一定程度上是把"减排贡献给别人，把排放留给自己"。

近年来，保定市大力推动能源结构调整，取得了积极进展，但由于保定市缺乏核电、水电等低碳能源，风电、太阳能、能物质能等资源也不够充足，能源结构调整面临着重要的资源瓶颈制约。特别是在雾霾治理过程中，大力推进煤炭减量替代，推进"煤改气"和"煤改电"，但同样面临着成本偏高和天然气资源不足等制约因素。

4.3.3　城市低碳基础设施发展滞后

低碳基础设施是城市低碳发展的重要支撑。总体看，保定市城镇集中供热、低碳交通等基础设施发展比较滞后，影响着低碳城市建设的开展。截至 2013 年，保定市区内有 667 台燃煤锅炉。其中，有 43% 的工业燃煤锅炉未办理环保手续，需要改造的工业燃煤锅炉有 122 台。此外，受城中村改造进程缓慢等因素影响，保定市主城区集中供热覆盖率相对较低，全城集中供热率只有 36% ，和先进城市甚至一般城市相比，差距较大。另有一小部分居民使用天然气壁挂炉供暖，大量居民特别是一些老旧小区住户，均靠着小区燃煤锅炉供暖。2013 年，全市仍有约 400 台燃煤锅炉在冬季为市民供暖，供暖面积约 1800 万平方米。与河北省提出的到 2013 年底全省设区市集中供热率平均达到 80% 的目标要求相比，保定市集中供热率明显偏低。在发展低碳交通方面，保定对公交车和出租车进行了"油改气"，减少了碳排放，但公共交通基础设施不足，以公共交通为核心的低碳交通运输体系尚未形成。随着燃油私家车的不断增加，加之道路交通规划和功能分区不完善，交通拥堵问题日益凸显，机动车成为重要的污染排放源。同时由于保定市机动车消耗的燃油标准偏低，也加重了机动车燃油引起的碳排放污染程度。保定还是晋煤外运的主要通道，特别是柴油卡车运输数量多、规模大，每天从保定穿梭的重型运输卡车达数万辆之多，而一辆重型柴油卡车排放的污染物相当于 200 辆小轿车，解决好重型柴油卡车排放问题是保定市大气污染治理的一个重大课题。

4.3.4　低碳发展体制机制不完善

低碳发展需要长期持续推进，虽然保定市制定了低碳发展目标和工作实施方案，但在实现低碳发展的体制机制方面还存在明显不足，缺乏长效保障机制，有利于节能减排的价格、财税、金融等经济政策还不完善，基于市场的激励和约束机制不健全，导致企业创新驱动不足，缺乏节能减排内生动力。利用财政、金融工具支持低碳发展仍处于起步阶段。由于保定市总体上经济欠发达，人均公共财力水平低（2015 年保定市人均公共财力水平不足北京市的 1/5，不足天津市的 1/4，不足河北省平均水平的 2/3，在河北省 11 个设区市人均公共财力排名中居第 9 位），地方财政对低碳发展的支持力度非常有限。同时，市场化金融支持力度不足。从金融机构存贷比指标看，保定市的金融机构存贷比仅为 42.1% ，比河北省 61.3% 的平均水平低 19.2 个百分点，在河北省 11 个设区市中处于最低水平。

同时，低碳发展区域密切合作机制有待进一步加强。京津冀区域属集中连片大气污染，大气污染的发生与近邻城市间的污染气团流动密切相关，仅靠单个城市采取低碳发展措施，无法改变区域大气污染局面。虽然2013年以来建立了京津冀大气污染协同治理、联合行动机制，但从压减煤炭消费、消减过剩产能的指标分配和支持机制看，仍然属于强制任务性而非规范制度化状态，特别是由于北京、天津和河北的发展阶段、财力状况等差异，在财政分灶吃饭的体制下，保定市完成相关工作任务面临的压力更大，区域密切合作制度保障仍然不足。

4.3.5 低碳发展的管理能力不足

对碳排放的有效治理，既需要从正面角度宣传，提高整个全民节能减排意识，形成全社会共同行动，也需要对高耗能、高污染、高排放行为进行依法治理。这不仅需要有完善的法律体系，也要有能够贯彻环境执法责任制相对独立的环境执法体系。目前，基于碳排放治理的法律体系还不完善，导致碳排放治理的法律依据相对薄弱，不利于对碳排放进行依法治理。同时，环境执法的独立程度较低，环境执法责任制未能得到真正贯彻落实，影响了对碳排放的治理能力。

另外，市一级低碳发展拥有专门的管理机构，但到了各县、区和企业，则缺乏相应的管理机构和管理人员，对低碳发展的认识还不到位。碳排放数据是加强管理的重要支撑，目前，在保定市一级温室气体清单编制和数据信息平台建设方面，还存在薄弱环节，运用现代信息技术等手段开展的碳排放数据信息管理平台建设滞后，影响了碳排放治理和低碳发展。

4.4 未来低碳发展方向

从未来发展角度看，保定市低碳发展，正处于由初级阶段向中、高级阶段继续迈进的关键时期，正处于京津冀协同发展和协同治理大气污染的战略机遇期，必须从保定市市情和社会经济发展所处的阶段出发，以加快经济发展、加快城镇化建设、治理大气污染为契机，持续推进低碳发展。加强科学谋划和系统设计，修订和完善保定市低碳发展的战略规划，进一步明确保定市低碳发展由初级阶段向中、高级阶段迈进面临的主要任务，制定和实施旨在能够促进保定市低碳发展的保障措施，全面推进保定市产业低碳化、消费低碳化、交通低碳化、建筑低碳化。按照保定市低碳发展规划和相关工作方案的部署，未来保定低碳发展主要从以下几个方面加以推进。

4.4.1　产业发展

产业低碳发展是实现保定市低碳发展的关键。未来重点是推动以下三项工作：

一是加快产业结构调整。根据保定市有关产业政策布局，重点推动战略性新兴产业和先进制造业健康发展，采用先进适用资源综合利用技术改造提升传统产业，合理布局建设基础设施和基础产业。积极化解产能严重过剩矛盾，加强预警调控，适时调整产能严重过剩行业名单，严禁核准产能严重过剩行业新增产能项目。加快淘汰落后产能，逐步提高淘汰标准。不断提高非化石能源在工业领域应用的比重。在对现有电力、钢铁、水泥等企业进行升级改造的同时，加快推进汽车及零部件、新能源及输变电、纺织服装、食品、建材、航空航天及新材料、生物医药、节能环保等产业优先发展、提速发展。加快发展现代服务业。优先发展现代商贸物流、金融服务、信息服务、科技服务、商务服务等生产性服务业，大力发展文化、旅游、健康养老等生活性服务业，积极发展高端服务业，到 2020 年，服务业增加值占地区生产总值的比重达到 45% 以上。

二是大力发展低碳工业。加快节能环保、高端装备制造与新材料等万亿级产业发展，打造附加值高、有规模特色的低碳发展支柱产业，抢占低碳产业发展制高点，进一步促进各类资源要素向新兴产业聚集。积极推行企业循环式生产、产业循环式组合、园区循环式改造。推进传统制造业清洁生产和绿色企业创建，从产品全生命周期控制资源能源消耗。开展传统产业能效提升行动，继续实施锅炉窑炉改造、电机系统节能、能量系统优化等节能工程。在钢铁、建材、化工等重点行业，积极推广低碳新工艺、新技术，加快以低碳技术为核心的改造升级，加强企业碳排放管理，主要高耗能产品单位产品碳排放达到国际先进标准。加强对重点耗煤企业的监管，对年耗煤 5000 吨以上的 66 家企业实施煤耗重点监控，协调重点耗煤企业合理调整安排生产计划，加大节能技改力度，努力挖潜节煤空间。

三是积极推进低碳农业。规范开展土地整治，合理利用剥离层土壤碳库开展高标准基本农田建设、拆旧区复垦、工矿废弃地复垦等土壤修复行动。开展土壤有机碳含量的系统调查和研究，利用增施有机肥、种植绿肥等固碳措施，有效提升土壤碳库水平。加快农业固废物处理工程，积极推行秸秆还田，推广秸秆综合利用技术，推进秸秆气化集中供气工程，减少石化能源的使用，优化农村用能结构，实现农业资源的高效利用和循环利用，形成低投入、高产出、低消耗、少排放、能循环、高效率的可持续农业体系，在较大区域内形成生态良性循环；治理农业面源污染，加强农村环境综合整治，实施农村清洁工程，推动畜禽规模养殖场与种植业无公害基地的融合，推进循环农业发展模式。

4.4.2 城市建设

未来保定市低碳城市建设，将加强统筹城乡规划，加快城乡一体化步伐，力争主城区带动作用更加突出，县城建设成效显著，中小城市群建设取得重大进展，具备条件的农村基本建成美丽乡村。到 2020 年全市常住人口城镇化率达到 60% 以上。

一是在城乡规划中落实低碳理念和要求。优化城市功能和空间布局，科学划定城市开发边界，探索集约、智能、绿色、低碳的新型城镇化模式，开展城市碳排放精细化管理，编制城乡建设规划要充分考虑气候变化影响，积极应对热岛效应和城市内涝，合理布局城市建筑、公共设施、道路、绿地、水体等功能区。

二是建设低碳交通体系。完善综合交通体系，优先发展公共交通，加快推动公路建养领域低碳化建设，进一步推动智能交通信息化建设，加快构建以绿色循环低碳为特征的综合交通体系。优化交通出行方式，加强各类公共交通的配合衔接，加快城市慢行系统建设，全面打造以常规公交为支撑、出租车和电动租赁汽车为补充、步行和骑行等慢行交通为延伸的综合性公共交通体系。完善城乡公交网络，提高城乡公交覆盖率，深化城乡交通一体化。到2020年，实现建成区公交站点500米服务半径覆盖率90%以上，城市公交车辆全部采用新型能源车辆。

三是开展低碳试点示范。深化国家级低碳试点示范城市建设，建立以"低碳政策、低碳产业、低碳能源、低碳建筑、低碳交通、低碳生活、低碳技术、低碳管理"为重点的低碳发展体系，形成特色鲜明的低碳生产与生活方式，为产城融合探索低碳发展模式。在产业低碳化、能源低碳化、建筑低碳化、交通低碳化、管理低碳化等领域加快突破，形成"城市发展贯彻低碳理念、经济转型依靠低碳产业、社会公众营造低碳氛围"的可持续发展新局面，在全国起到较好的示范试点作用。

四是加强城乡生态建设。优化生态空间布局，大幅增加绿化总量，提升生态服务功能，将保定市建成城市森林环绕、功能区组团发展的宜居城市。形成具有高度自然特色、综合功能优化的区域绿化系统，实现保定市城市园林化。到2020年，建成区人均公园绿地面积保持在13平方米，绿地率达到42%，城市绿化覆盖率达到45%。增强森林碳汇能力。强化现有林地资源保护，加强森林碳汇管理体系建设，继续实施碳汇造林重点工程，深入开展碳汇森林经营试点。构建城乡森林碳汇体系，着力打造森林城市群。到2020年，新增造林面积17.35万公顷，森林覆盖率达到35.0%；森林蓄积量达到1700万立方米；森林公园面积达到26万公顷；道路、水系、农田林网绿化达标率达95%。加快以森林、湿地、人居生态环境为重点的生态建设，必须树立尊重自然、顺应自然、保护自然的理念。以获取最大生态效果为立足点和出发点，同时兼顾经济、社会、景观和文化效益。科学保护和恢复湿地，提高湿地生态功能。到 2020 年，完成恢复湿地9046.67 公顷，湿地总面积达到 67713.34 公顷，湿地保有率达 3.24%。

4.4.3 能源结构

在构建低碳能源体系方面，大力推进以下三项工作。

一是积极优化能源结构。持续推进能源消费结构优化、大力推进新能源及相关产业发展，到 2020 年，要初步形成科学的能源综合利用优化体系，实现能源清洁高效的发展目标，为保定市经济社会发展提供良好的保障。积极探索多能互补的用能方式，提高清洁能源占比，不断优化能源利用综合效益。以大力推进冬季清洁取暖工程为契机，全面实施分散燃煤的清洁替代工作，逐步解决保定市"一高两低"的突出问题。到 2020 年，全市能源消费总量控制在 2300 万吨标煤以内，万元生产总值能耗较 2015年下降 17%，其中天然气消费量达到 35 亿立方米，新能源消费量达到 230万吨标煤，在能源总消费中的占比提高到 10% 以上。

二是大力压减煤炭消费。严控煤炭消费总量，通过逐步提高接受外输电比例、增加天然气供应、加大非化石能源利用强度等措施替代燃煤。严格控制电力行业煤炭消费新增量，重点削减非电行业煤炭消费总量，到2020 年底，实现煤炭消费总量负增长，煤炭占能源消费总量比重降低到49.5% 以下。全面完成集中供热及热电联产燃煤锅炉的清洁能源替代、燃煤小灶炉的关停，并对发电、钢铁、化工三个煤炭集中消费行业的全部用煤企业进行年度目标分解和考核。加快推进城市集中供热、供气，淘汰分散燃煤锅炉，压减煤炭消费总量，推进热电企业气化改造；以减量化、清洁化、替代化为主攻方向，深入开展散煤污染整治专项行动，加快实施全市禁煤区电代煤、气代煤，因地制宜将燃煤锅炉以集中供热替代，同步进行天然气、电力或其他清洁能源替代，加快推进深能保定西北郊、大唐保定热电厂九期、华润电力保定东北郊三大热电联产项目前期工作,解决主城区和相关县(市、区)的集中供热问题。

三是积极发展清洁能源。到 2020 年非化石能源消费比重由 2015 年的 4.5% 提高到 10% 以上。大力发展光伏发电,太阳能热利用、地热开发以及风能。大力推动光伏示范项目和示范区建设,将"沿太行山光伏规模化应用示范带"建设成国家级"光伏规模化应用示范区"。"十三五"时期,新增装机 1500 兆瓦,光伏发电总装机达到 2500 兆瓦以上,同时大力提高当地电网容量水平,优化网架结构,使光伏应用形成较大规模。积极推动太阳能热利用、采暖等与建筑一体化技术,重点推广普及农村太阳能一体化建筑、太阳能集中供热水工程,建设太阳能采暖和制冷示范工程。在农村和小城镇推广户用太阳能热水器、太阳房和太阳灶。到 2020 年,保定全市太阳能热水器总户数达到 10 万户。进一步拓展地热开发利用领域,向中低温地热发电、地热流体中矿物质提取、尾水净化、回灌技术等领域进军,形成地热资源综合利用的先进模式,实现地热产业化发展,带动地区经济又好又快发展。加快推广应用技术已基本成熟、具备产业化发展条件或产业化有一定基础的生物质燃气、发电、成型燃料等多元化利用技术,充分发挥生物质能在农村发展建设中重要作用,提高生物质能梯级综合利用水平。到 2020 年,建成规模化大型沼气工程 5 座,年产沼气 150 万~200 万立方米,沼气发电达到 150 万千瓦时。在风能资源较为丰富的西北部山区如涞源、阜平等地继续加强资源勘查力度,科学决策,优化选址,努力提升当地的风电装机容量。到 2020 年,在现有 99 兆瓦的基础上,增加到 400 兆瓦以上,成为当地的重要电力来源。

4.4.4　体制机制

在完善低碳发展的体制机制方面,保定市提出着力推进四个方面的任务。

一是加强低碳创新体系和创新能力建设,鼓励和引导大型企业、高等院校、科研机构结成低碳领域"政、产、学、研、用"技术创新联盟，支持重点企业建设低碳技术研发中心，打造低碳技术研发平台。重点突破和推广一批具有良好减排效果的低碳技术及产品，在能源、工业、交通、建筑等领域开展一批低碳示范工程建设，加大温室气体排放防控的科技支撑。

二是开展碳排放权交易工作。建设重点企（事）业单位碳排放监测、报告和核查体系，大力推行企业碳排放管理体系，探索开展碳排放在线监测。建立健全碳排放权初始分配制度，强化企业碳排放权有偿使用意识，加强配额管理和市场监管，鼓励碳资产开发。实施应对气候变化低碳大数据示范工程，注重气候变化研究交流平台建设和应用，健全碳排放基础数据库，支撑碳报告、碳监测、碳考核、碳评估和碳交易等工作。

三是加强应对气候变化能力建设。将温室气体排放基础统计指标纳入政府统计指标体系，建立健全涵盖能源消费、工业生产过程、农业、土地利用变化与林业、废弃物处理等领域、适应温室气体排放核算要求的基础统计体系。进一步完善各个市县年度温室气体清单编制的常态化机制。实行重点企业单位温室气体排放数据报告制度，提高报送数据质量。加强能源计量数据在线采集平台建设，继续推进重点用能单位能源计量数据在线采集，为控制温室气体排放提供数据支撑。加强机构和人才队伍建设。强化决策支撑能力建设，充实备专门机构人员能力，强化工作监督管理。积极推进在应对气候变化基础研究技术研发等多领城、多方面的国内外合作，加强应对气候变化人员交流，实施高层次人才培养和引进。

四是健全政策机制保障措施。强化组织领导。发挥市应对气候变化领导小组的职能作用，在全市碳排放事务方面的统筹作用，加强市级相关部门的分工协作，建立信息共享机制，共同推动落实规划目标和任务。加强市级规划方案与本实施方案的衔接，建立各相关部门协调互补机制，各县市要因地制宜地制定本地区应对温室气体排放的相关政策的措施，组织实施应对温室气体排放的各项工作，实现市县区三级联动机制，深入开展工作。

加大资金支持。积极发挥财政资金引导作用，各级政府统筹使用相关财政专项资金，加大对低碳发展的资金投入。拓展多元化投融资渠道，引导金融机构加大低碳信贷支持，积极引导社会资本设立节能低碳、新能源等各类绿色产业发展投资基金，形成良好的低碳发展市场化、产业化推进机制。

建立评价考核机制。建立规划实施的任务分解考核机制，将保定市的碳强度下降目标任务分解落实到各县（市、区），并对各县（市、区）控制温室气体排放任务完成情况进行考核。各县（市、区）建立健全相应机构，明确工作职责，落实推进措施，确保完成目标任务。

加强宣传引导。充分利用广播、电视、报刊、网络等媒体全方位开展绿色低碳宣传活动，宣传应对气候变化的科普知识和法律法规，扩大低碳生活常识的知晓率和覆盖面；宣传和展示全市应对气候变化的措施和成效，弘扬绿色低碳的社会风尚，提高人民群众的低碳意识，形成全社会理解、关心、支持、参与应对气候变化工作的良好氛围。

第 5 章

公众参与低碳发展现状：
保定市调查分析

5.1　调查过程与样本特征

　　为深入了解公众参与低碳发展的现状，2014 年 8 月，作者针对河北省保定市开展了一次深入的问卷调查，调查选取了城区和郊县政府机关事业单位、企业和社会公众等不同对象，发放了调查问卷，在调查问卷回收统计的基础上，进行了研究分析，形成了对保定市低碳发展公众参与现状的基本认识。

　　调查问卷包含气候变化和低碳认知、参与低碳发展的意愿、推进低碳发展工作、参与低碳发展的行动等四个部分、38 个问题。调查共发放和回收有效调查问卷 174 份。

　　在被调查的人群中，男女比例基本持平，男性占 54.6%，女性占 45.4%。受访者中青年较多，30 岁以下占 39.7%，31~59 岁占 56.9%。大部分被调查者拥有研究生以下学历，其中大专学历及以下占 40%，本科学历占 48%。调查对象基本均等覆盖了政府机关（占 33.3%）、企业单位（占 41.4%）和社会公众（占 25.3%）。被调查者月收入主要在 1000~5000 元（占 74%），大部分居住在保定市区（占 78.7%）。具体样本情况见表 5 – 1。

表 5 – 1　　　　　　　　　　受访者基本情况

项目	指标	频数	所占比例（%）
性别	男性	95	54.60
	女性	79	45.40
年龄	30 岁以下	69	39.70
	31 ~ 59 岁	99	56.90
	60 岁以上	6	3.40
文化水平	大专及以下	70	40
	大学本科	83	48
	研究生及以上	21	12
职业	政府机关	58	33.30
	企业	72	41.40
	公众	44	25.30
月收入水平	1000 元以下	31	17
	1000 ~ 5000 元	128	74
	5000 元以上	15	9
居住区域	主城区	137	78.70
	郊县	37	21.30

在问卷调查整理基础上，结合相关文献和深度访谈，对公众参与低碳发展的现状进行了梳理。通过调研发展，目前公众已经对低碳发展有了一定认识和了解，并对于低碳发展持支持态度，具有参与其中的良好意愿。另外，公众在衣食住行等低碳消费行动中已经存在不同程度的参与，这为低碳发展公众参与进一步发展奠定了良好的基础。

5.2　对气候变化和低碳发展的认知

公众对气候变化问题的认知，特别是低碳发展意识，对理解发展低碳经济的必要性、认知经济发展与环境保护之间的协调性，具有十分重要的意义。公众只有在了解气候变化和低碳发展的相关内容后，才可能产生参与低碳发展的意愿，进而才能主动参与其中。该部分共设计 10 个问题。调研发现，保定市公众对气候变化问题的认知和低碳发展意识尚处于初级阶段，部分公众对气候变化问题和低碳发展有一定关注，对低碳发展有一定了解，但对低碳发展具有具体、科学认识的公众仅占少数，大部分公众只是听说过气候变化和低碳发展问题，但并不真正了解，部分公众甚至不知道低碳发展的基本概念。

5.2.1 对低碳发展概念、气候变化问题的认知

调查发现，保定市公众对低碳概念的了解并不科学深入，且有一半以上的受访者并不了解其确切含义。对"您认为'低碳'一词的含义是什么？"这一问题，能够正确选择"低二氧化碳排放"的被访问者只有 49.4%，36% 的被访问者选择了"低污染物排放"（见图 5 - 1）。

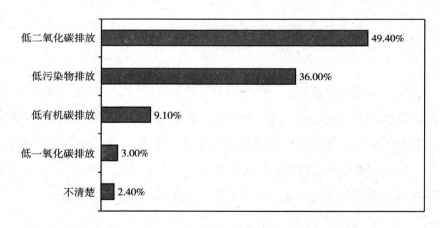

图 5 - 1 调查对象对"低碳"概念的认知情况

不同类别人群普遍存在混淆"低碳"和"低污染物排放"两个概念的现象，如政府机关、企业、公众分别有 34.5%、41.4% 和 27.5% 选择了"低污染物排放"，其中企业人员选择正确答案"低二氧化碳排放"的比例最低（见图 5 - 2）。

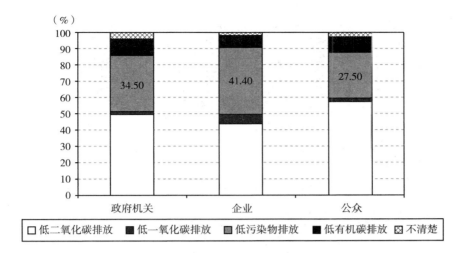

图 5 - 2 不同职业调查对象对"低碳"概念的认知情况

大专以下、本科及研究生以上学历受访者选择"低污染物排放"的比例分别达到 47%、29.5%、20.8%（见图 5 - 3）。

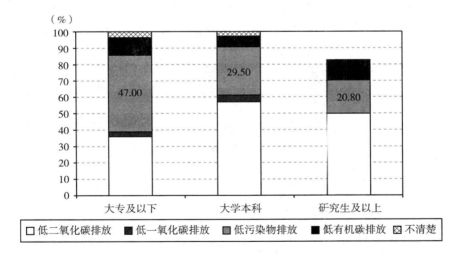

图 5 - 3 不同学历调查对象对"低碳"概念的认知情况

30 岁以下、31～59 岁、60 岁以上等受访者选择"低污染物排放"的比例分别为 27.7%、42%、33.3%，30 岁以下年轻人选择"低二氧化碳排放"这一正确答案的比率最高，说明其接受新事物能力较强（见图 5 - 4）。

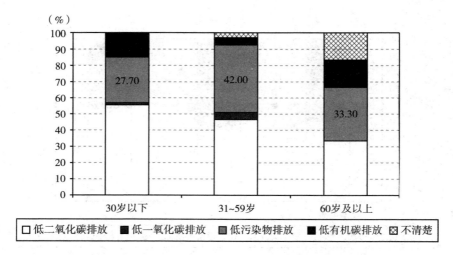

图 5 - 4　不同年龄调查对象对"低碳"概念的认知情况

　　月收入 1000 元以下、1000～5000 元以及 5000 元以上三类收入水平人群选择"低污染物排放"的比例分别为 33.3%、37.7% 和 21.5%，其中 5000 元以上人群选择正确答案"低二氧化碳排放"的比率最高。此外，在所有人群中，选择"低有机碳排放"的比例达到 9.1%（见图 5 - 5）。

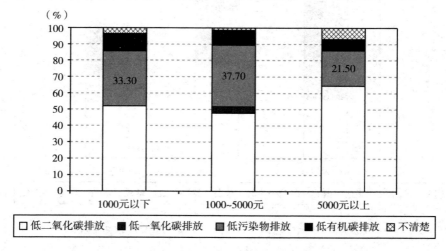

图 5 - 5　不同月收入调查对象对"低碳"概念的认知情况

　　对气候变化影响和成因的认知有助于公众理解和参与低碳发展相关行动。调查显示，有超过 20% 的受访者并不了解气候变化的相关影响。对

"下面哪一项不是全球气候变化带来的影响?"一题，能给出正确答案的达
到 79.3% ，选择"极端气候事件增多""动植物分布改变""冰川融化，
海平面上升"等的比例分别为 10% 、7.1% 和 3.6%（见图 5 - 6）。

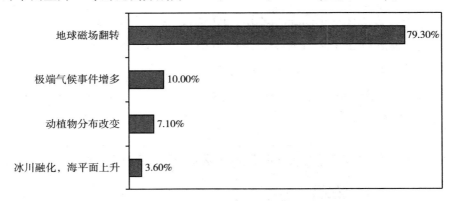

图 5 - 6   调查对象对气候变化影响的认知情况

在各类受访者人群中（职业、学历、年龄、收入）不能准确理解气候
变化影响的比重均在 20% 左右，说明这一错误认知的普遍性。而各类人群
对气候变化成因有准确认知的比重相对较高，对人类活动是导致当前全球
气候变暖的主要原因的说法，表示"认同"和"很有可能"的分别占
63.2% 、24.7% ，两者之和接近 90%（见图 5 - 7）。公众这种认识，反映
了有关方面开展应对气候变化宣传的成效，大多数公众对全球气候变暖的
负面效应有一定了解，这对于公众认清低碳发展的必要性、主动参与低碳
发展具有重要意义。

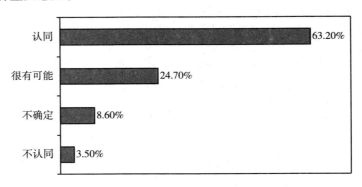

图 5 - 7   调查对象对气候变化成因的认知情况

5.2.2 对大气污染治理的认知

大气污染是保定市面临的突出环境问题，也已成为保定市民普遍关注的问题。关于保定市大气污染治理的迫切程度，认为"非常迫切"的占83.9%，比较迫切的占10.9%，认为不太迫切的占1.1%，认为不需要治理的0.6%，说不清楚的占3.5%，总体认为大气污染治理迫切的比重超过90%（见图5-8）。

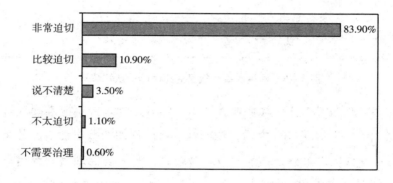

图5-8 调查对象对大气污染治理迫切程度的认知情况

在政府、企业和公众三类人群中，认为"非常迫切"比重最高的是公众（90.9%），其次是企业（84.7%），政府人员相对最低（77.6%），这反映了不同利益群体不同的利益诉求（见图5-9）。与气候变化和低碳发展的认知程度相比，大气污染的认知度很高，说明公众对"看得见、摸得着、与自身利益直接相关"的大气污染治理问题的关切度更高，而且相对而言，政府工作人员的认识与公众的期待之间尚存有一定的差距。

对保定市当前雾霾问题产生的主要原因，认为"污染排放大，超出环境容量"的占绝大多数，达到91.3%（见图5-10），反映出各方对大气污染成因有广泛共识。由于低碳发展与大气污染治理之间紧密相关，利用好公众对雾霾问题的广泛关注和参与的积极性，推动公众对低碳发展工作的参与，近期是一个较好的选择。

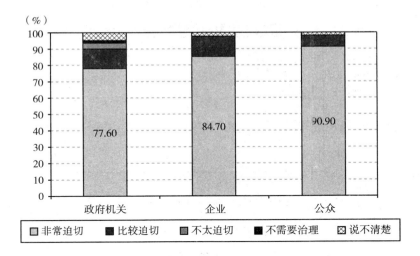

图 5 − 9　不同职业调查对象对大气污染治理迫切程度的认知情况

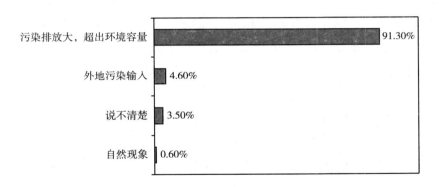

图 5 − 10　调查对象对雾霾成因的认知情况

5.2.3　对保定低碳发展建设目标和低碳试点的认知

公众对政府低碳发展相关工作目标和低碳试点工作的认知是公众低碳意识的重要体现。从调查结果看，公众对保定市政府 2008 年提出的建立"低碳保定"的认知程度并不高（占 67.1%），选择"绿色保定""生态保定""幸福保定"等答案的公众接近 20%，还有 1.3% 的公众表示"不了解"（见图 5 − 11）。

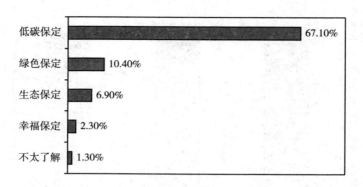

图5-11 调查对象对保定低碳建设目标的认知情况

从不同职业受访公众选择答案的比例对比来看，政府机关、企业、公众对保定政府建设"低碳保定"目标的认知程度依次递减，所占比例分别为75.9%、69.4%和51.2%；特别是企业、公众有相当比例对这一建设目标并不了解，分别为18.1%、20.9%（见图5-12）。即使在政府机关人员中，这一目标也并非尽人皆知。说明政府低碳发展目标的宣传工作还需要进一步加强。

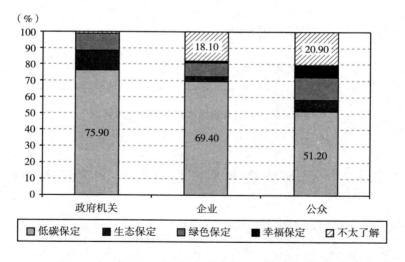

图5-12 不同职业调查对象对保定低碳建设目标的认知情况

受访者对保定在2010年被国家发改委选为第一批国家低碳试点的认知程度也不尽如人意。有69.9%的人选择了正确答案，选择"不太了解"的占 16.8%，选择"生态城市""绿色城市"的分别占 6.9% 和 6.4%（见图 5-13）。

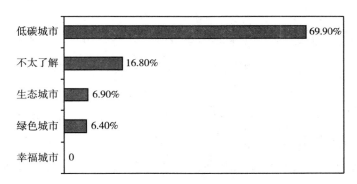

图 5-13 调查对象对保定低碳建设目标的认知情况

在选择"不太了解"的被调查者当中，比例最高的是普通公众、30 岁以下的青年人以及月均收入在 1000 元以下的低收入人群（见图 5-14），与前述低碳和气候变化意识问题的调查结果相似，说明对这些群体而言，气候变化及相关问题与其日常生活关联度不高，因而关注度也不够高。未来进一步加强低碳发展意识宣传工作，应将这些类别人群作为重点对象。

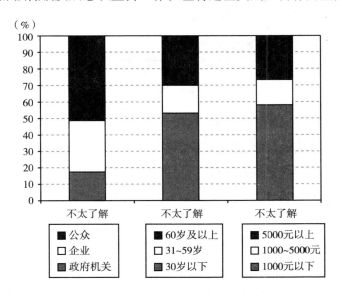

图 5-14 对保定作为国家低碳试点选择"不太了解"的公众构成情况

5.2.4 关于获取低碳环保知识的来源渠道

了解公众低碳环保知识的来源渠道，以及公众期望通过什么方式获得相关知识，对进一步增强相应宣传工作的针对性、有效性具有重要意义。

对公众当前获得低碳环保知识的各种来源渠道，调查发现，排在第一位的是互联网，占 29%；第二位是电视，占 24.5%；第三位是报纸，占 16.1%；第四位是微信等移动终端，占 11.4%；第五位是广播，占 8.9%（见图 5 - 15）。可以看出，新兴媒体（互联网、微信等）在获取低碳环保知识方面作用明显，与传统媒体（电视、报纸、广播）的作用不相上下，而且网络、移动电视、触摸媒体等新兴媒体的发展，使信息的传播更加便捷。

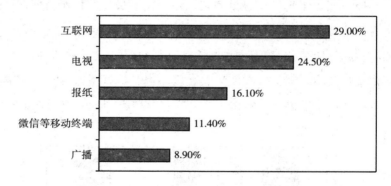

图 5 - 15 调查对象获取低碳环保知识渠道

对"您认为政府重点应从哪方面入手提升公众参与低碳发展的意识（可多选）"一题，"开展现场宣传活动"排第一位，占 30.9%；排在第二至第四位的分别是"发布媒体广告""学校教育培训""组织专家讲座"，所占比重分别是 27.9%、24%、13.3%。选择其他（自填）的占 3.9%（见图 5 - 16），自填选项包括重判污染环境者并公布、公共设施免费（包括公交）、电动四轮车合法性放宽、组织群众参与低碳生活的体验、网络宣传、政策惩奖、政府重视治理、出台垃圾分类指导细则、将低碳消费与居民个人经济利益挂钩等。数据说明现场宣传、媒体广告、学校培训以及专家讲座对于提升低碳意识有着非常重要的作用。而公众的这种选择，表现出需要被引导的特性，一方面表明公众参与的主动性不强，另一方面表明公众没有形成强烈的低碳意识，并没有很好的认识低碳发展的重要性。

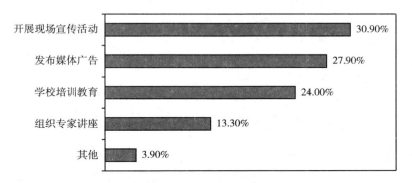

图 5 - 16　调查对象期待的获取低碳环保知识渠道

5.3　参与低碳发展的意愿

公众行为对碳排放具有不容忽视的影响。当公众对于低碳有了一定认识，其能否形成参与低碳发展的意愿，对之后实现主动参与低碳发展有着直接而重大的影响。该部分共设计 12 个问题，从调查结果看，公众对于低碳发展普遍持支持态度，具有参与其中的良好意愿，但主动参与低碳发展的意愿较低。

5.3.1　关于低碳生活的重要性

参与调查的 174 人中，139 人回答非常重要，占 79.9%；回答比较重要的 25 人，占 14.4%；回答不确定的 8 人，占 4.6%；回答不重要的 2 人，占 1.1%（见图 5 - 17）。结果显示，公众认为低碳生活对低碳发展的重要性，具有比较积极的态度和正确的认识，这是实施低碳发展战略和政策的重要民意基础。

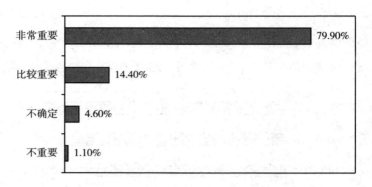

图5-17　调查对象对低碳生活在低碳发展中重要性的认识情况

5.3.2　关于公众践行低碳生活和参与低碳活动的意愿

公众对节能低碳的重要性给予了充分肯定，但在日常生活上真正实践的比重仍然不高。对"您在日常生活中是否考虑过碳排放问题"；46.6%的受访者表示"考虑过，但现阶段还很难做到低碳生活"；12.6%表示"没有考虑过，想了解"。二者之和比重超过了50%；40.8%表示"很注重节能低碳"，说明该人群愿意主动参与低碳生活实践（见图5-18），说明低碳生活的普及率还不高。前两种人群，虽然当前尚未开始践行低碳生活，但当条件成熟参与低碳生活相对便利时，他们很可能参与其中，可以对其进行引导并完善客观条件。

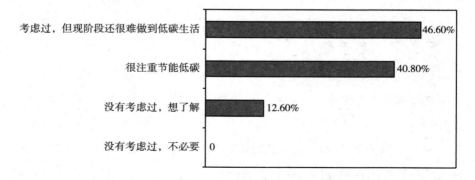

图5-18　调查对象践行低碳生活的意愿

各类调查对象中，普通公众以及低收入人群（1000 元以下）回答"没有考虑过，想了解"的比重较高，从另一角度说明当前践行低碳生活存在各种客观条件的限制，也有可能会提高生活成本。调查中没有人选择"没有考虑过，不必要"这一选项（见图 5－19、图 5－20）。

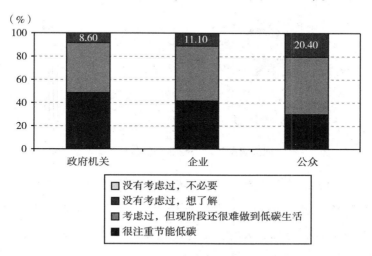

图 5－19　不同职业调查对象践行低碳生活的意愿对比

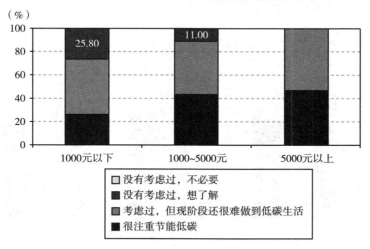

图 5－20　不同收入调查对象践行低碳生活的意愿对比

一部分公众对于低碳理念并不了解，限制了其参与低碳发展。对"当您了解低碳理念后，是否会积极参与低碳发展"这一问题，70.7% 的被调查者表示将"积极参加"，"偶尔参加""可能参加"的比例分别为13.8%、15.5%，"不参加"的比重为0（见图5-21）。

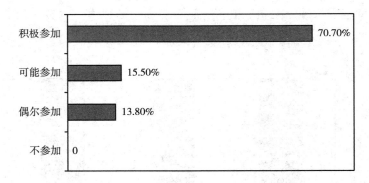

图5-21 调查对象了解低碳理念后参与低碳活动的意愿

从积极参加的比例来看，研究生及以上学历者"积极参加"的比重最高，达95.2%、普通公众、月收入低于1000元的低收入等人群选择积极参加的比例较高，这部分人群也正是对低碳发展理念了解不足的人群，说明针对性地加强低碳相关宣传，对于提高这部分人群的参与度与参与积极性具有较强的作用（见图5-22）。

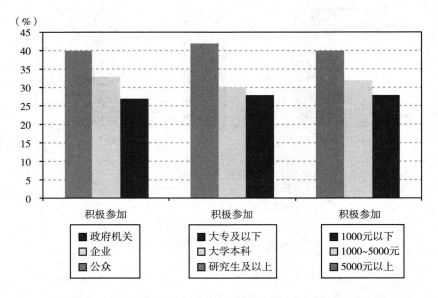

图5-22 不同类别调查对象积极参与低碳活动情况对比

对比前后两个问题，需要注意的是，有近50%的人在日常生活中考虑过低碳问题，但认为现阶段难以做到，说明目前公众有参与低碳发展具有良好意愿，但是仍有相当部分公众对低碳发展持观望态度，并未付诸行动。

5.3.3　关于公众践行低碳生活的顾虑和困难

对于"您认为公众实践低碳生活，面临的最大困难是什么（限选1项）"，从调查看，"基础设施等方面制约"是最主要原因（46.8%），回答"不了解低碳知识"的排第二位（24%），回答"成本太高"和"政府没有要求"的大体相当，均为14.6%（见图5-23）。上述结具说明，经济因素并不是公众践行低碳生活的首要考虑因素，基础设施的缺乏在一定程度上导致公众改变生活方式没有相应的技术条件支撑，特别是对于高收入人群而言，选择基础设施制约的人占到80%；而选择"缺乏低碳相关知识"的比重较高，说明许多公众还不了解从何处以何种方式参与低碳发展，因此感到低碳发展"离现实生活太远"，也反映出公众对低碳发展的科学知识了解不够。因而要实现公众有效参与低碳发展，政府部门应加快相关基础设施建设，同时，除了开展知识和政策宣传，还应该进行符合公众认知水平的科学普及和案例示范，使公众切身感受低碳生活，进而接受并积极参与。

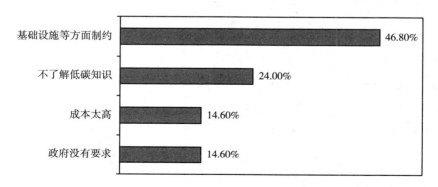

图 5 - 23　调查对象践行低碳活动的困难

进一步调查结果显示，公众对于使用清洁能源导致的生活成本增加具有一定的承受度和较高的接受度。在回答"使用清洁能源，将导致用电、取暖价格一定程度上涨，您能否接受?"这一问题时，选择"完全不能接受"者比重较低，仅占10.5%，选择"根据涨幅考虑接受与否"的比重为61.1%，选择"理解并能接受"者的比重为26.7%，选择"无所谓"的比重为1.7%(见图5-24)。即便是月收入低于1000元的低收入人群，选择"理解并接受"和"根据涨幅考虑接受与否"的比重均达到40%。这一结果说明受访者在践行低碳生活时仍有经济理性思考，同时也印证了成本考虑并不是消费者选择行为的最主要原因。

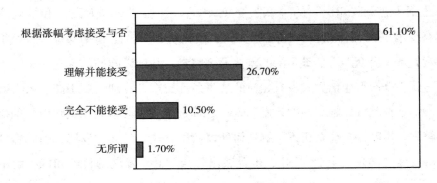

图5-24 调查对象对低碳提高用能价格的反应

5.3.4 关于公众践行低碳生活的消费观

低碳消费观念影响公众的消费行动，直接影响公众参与低碳发展的意愿和成效。对公众购物方式的调查显示出公众参与低碳生活的习惯。在回答"您在日常生活中的消费习惯是什么"时，86.5%的受访者回答坚持"勤俭节约"的消费习惯，"经常在饭店吃饭""偶尔购买奢侈品""开大排量汽车"的比重分别为8.8%、2.9%和1.8%(见图5-25)。

从不同类别受访者看，在选择坚持"勤俭节约"的受访者当中，不同职业类别和收入水平的差异较为明显，其中普通公众勤俭节约比重高于企

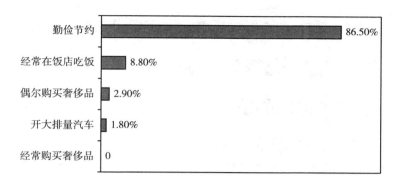

图 5 - 25　调查对象的消费习惯

业从业人员，二者又高于政府从业人员；收入水平较低的人群勤俭节约比重高于收入水平较高的人群（见图 5 - 26）。

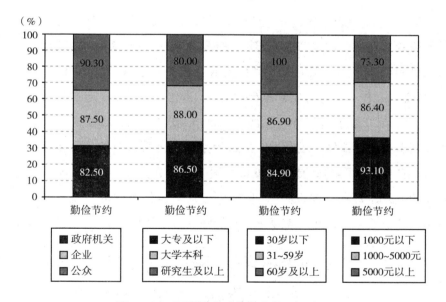

图 5 - 26　不同调查对象的消费习惯对比

同时，消费者在购买产品时对节能环保标识较为关注。在回答"您购物时是否关注产品的节能环保标识"时，超过 70% 的受访者表示在消费时关注节能环保标识，"非常关注""比较关注"的比重分别为 27.6% 和 46.6%。说明公众已经具备相当程度低碳消费的自觉性（见图 5 - 27）。

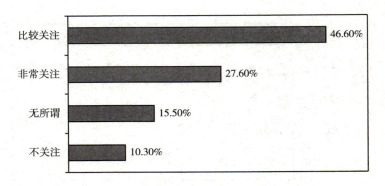

图 5 – 27 调查对象对商品节能环保标识的关注程度

5.3.5 关于提升公众参与低碳发展意愿的途径

对于"如何能促进公众更好地参与低碳发展"，在各种途径中，排在前 5 位的分别是"制定节能低碳产品补贴政策"，占比 25.8%；"建立经济激励机制"，占比 19.3%；"设置针对企业的公众监督和反馈机制"，占比 13.9%；"在中小学进行定期低碳教育"，占比 11.4%；"通过各类媒体进行低碳宣传"，占比 10.1%（见图 5 – 28）。可以看出，在诸多选项中，运用补贴手段和其他经济激励手段被认为是促进公众参与的最有效途径，这种认识在各种不同类型受访对象中普遍存在。超过 1/10 的人选择"针对企业的公众监督和反馈机制"，反映出公众对监督机制的重视，同时，教育和宣传仍然是未来政府需要进一步加强的重要举措。

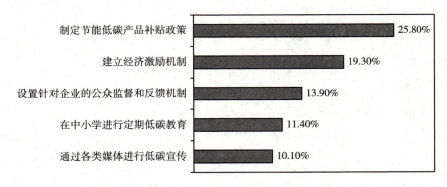

图 5 – 28 调查对象对提升公众低碳生活意愿途径的反馈

5.3.6　关于公众参与政府低碳发展行动的意愿

针对政府工作人员，调查"政府在节能减碳工作中请公众参与是否有必要？"结果显示，政府人员普遍赞同请公众参与节能减碳工作，其中83.3%的受访政府人员认为"十分必要"，16.7%认为"有一定必要性"。进一步对政府人员询问"目前保定市公众参与低碳发展工作的水平"，结果显示，46.7%认为"参与水平低"，37.8%认为"参与水平一般"，认为参与水平高的不足10%（见图5–29）。从这两个问题的调查结果看，政府人员普遍肯定公众参与低碳发展的必要性，并且认为目前的参与水平尚不令人满意，具有较大的提升空间，这为政府下一步寻找到提高公众参与度的有效途径提供了重要依据。

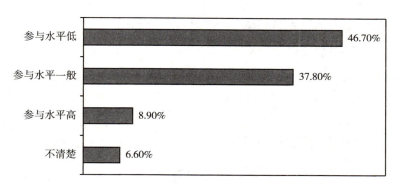

图5–29　政府人员对公众在低碳工作中参与水平的认识

对于企业人员和公众，就"是否愿意参与政府节能减碳工作"征求意见，其中49.5%的受访者表示会"积极参加"，44.4%表示"有时间会参加"，说明只要有合适的机会和渠道，企业和公众对参与政府低碳发展相关工作具备较高的积极性。从不同职业类型的公众反馈看，普通公众选择"积极参与"的比重最高，为63.3%，企业人员和政府人员（作为公众）分别为43%、44.4%，普通公众比后二者高出近1/3（见图5–30）。数据同时表明，对各类不同职业公众来说，其参与低碳发展的积极性都有进一步调动的空间。

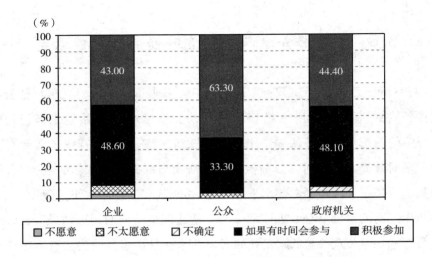

图 5-30　不同职业调查对象对参与政府低碳工作的意愿对比

对企业进一步调查"对政府节能减碳工作的态度"，结果显示，57.7%受访者表示"积极支持"，35.2%的受访者表示"比较支持"，总体持支持态度的比重超过90%（见图5-31），说明在当前生态文明建设和治理大气污染的大背景下，企业对国家发展形势具有较清晰的认识，普遍理解并支持国家的环境政策，具有较强的社会责任感。

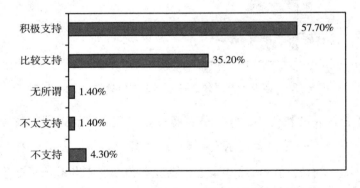

图 5-31　企业人员对政府节能减碳工作的态度

对普通公众进一步调查其"是否对政府节能减碳工作有过建言献策"，结果显示，仅7%表示"曾经做过"，44.2%表示"暂时没有，但希望去做"，41.8%表示"没有，以后可能会做"（见图5-32）。这一结果说明，尽管公众普遍支持政策的节能减碳工作并且有较强的参与意愿，但公众实际的参与度仍然偏低，要推动公众真正参与到政府节能减碳工作中，既需要进一步激发公众参与的热情，也需要为公众参与创造有效的渠道和良好的条件。

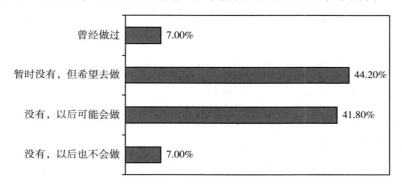

图 5 - 32　普通公众为政府节能减碳建言献策的情况

针对"您最关注的保定市低碳发展相关工作是什么？（限选 3 项）"这一问题，调查对象最为关注的是"大气污染、雾霾治理工作"，比例达31.7%，这一结果并不令人意外，与保定市近年来在全国空气质量排名一直名列倒数第一、第二的现实有很大关系，说明大气污染问题已成为保定市公众关注度最高的民生问题；排在第二名至第五名的是"企业节能减排"（12.9%）、"汽车尾气治理工作"（11.9%）、"生活垃圾减量、分类回收工作"（11.9%）和"公共交通出行"（8.4%）（见图 5 - 33）。公众关心的前三个选项都与大气污染治理直接相关。

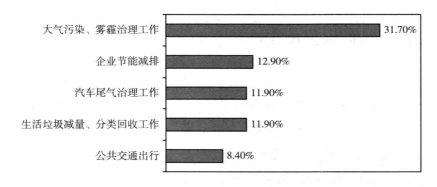

图 5 - 33　调查对象最关注的保定市低碳发展相关工作

心物知行：低碳发展与公众参与

针对"您最愿意参加以下哪些低碳行动（限选 3 项）"的调查显示，"尽量选择自行车、公交、拼车等低碳交通方式出行"排第一位，占23.7%，显然，践行低碳交通理念虽然不是最容易做到的，但却是公众最关心也最愿意参与的低碳行动，说明政府在这一领域可以开展工作的潜力很大；排第二位至第五位的分别为"勤于关闭不必要的灯和电器，节约用电"（16.5%）、"节约用水，重复利用"（11.9%）、"社区垃圾减量和分类回收"（11.3%）、"参加义务植树、绿化养护的志愿活动"（9.1%）（见图 5-34）。公众愿意参与的这些行动主要是与自身密切相关、随手就能做的小事，但却是政府低碳发展应该重点关注的工作领域，如何将政府的工作重点与公众的参与意愿有机结合，形成政府与社会的良性互动，是政府推动公众参与工作应该考虑的重点内容。

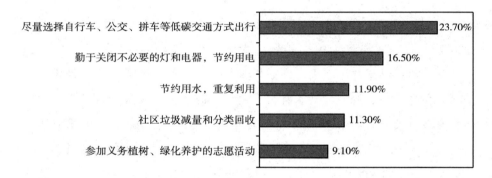

图 5-34　调查对象最愿意参与的低碳发展活动

■ 5.4　对低碳发展工作的认知和评价

公众对低碳发展工作的认知和评价反映了公众对低碳发展的基本态度，公众认可是其积极参与低碳发展的前提。公众的认可度越高，则积极参与的可能性也就越大。本部分共设计 6 个问题，主要包括公众对低碳发展的看法、对低碳发展中政府主导作用的认知、对保定市低碳发展工作的评价等。

5.4.1　对国家实施低碳发展的看法

绝大多数公众对国家实施低碳发展战略持支持态度。对"您对国家推动低碳发展的看法"，表示"积极支持"的达 86.8%，其中，社会公众"积极支持"的比重最高，达 93.2%，企业人员持"积极支持"态度的比重最低，为 81.9%。访谈中，回答"比较支持"的比重为 11.5%，回答"无所谓"或"不支持，不符合国情"的比重非常低，分别为 1.1% 和 0.6%，说明反映了公众对我国推动低碳发展有很高的认同度（见图 5-35）。值得注意的是，回答"无所谓"选项的，全部来自社会公众，在社会公众中占比为 4.5%，表明对部分公众来说，低碳发展与其个人关切联系尚不够密切；回答"不支持，不符合国情"选项的，全部来自企业人员，占企业人员调查总数的 1.4%。这与低碳发展对企业发展影响较大有关。从收入状况看，对低碳发展持"积极支持"态度的比例，随着收入水平的提高而逐渐降低，调查显示，月收入水平低于 1000 元、1000~5000 元、5000 元以上人群，"积极支持"低碳发展的比例分别为 90.3%、87.4% 和 73.3%，而对"不支持，不符合国情"的选项，前两个群体的比例为 0，但在 5000 元以上高收入群体中，该选项的比重却达到了 6.7%。说明部分高收入人群，可能较为担心低碳发展影响其较高的生活水平。

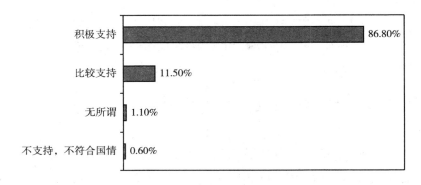

图 5-35　调查对象对国家低碳发展的态度

5.4.2 对政府在低碳发展中作用的认识

调查显示，受访者普遍认为，政府在推动低碳发展中应发挥主导作用。对"您认为谁应发挥主导作用来推进低碳发展?"的问题，选择"政府"的，比例达到72.7%；选择"企业"的，比例为12.8%；选择"公众"的为14.5%（见图5-36）。表明政府在低碳发展中的主导作用受到普遍认可。分对象看，政府工作人员、企业受访者和社会公众认可"政府"主导作用的比例分别为68.4%、79.2%、67.4%，企业受访者的认可度最高；认可"企业"发挥主导作用的，三者比重分别为17.5%、12.5%和7%，政府机关工作人员这一选项的比例最高；而认可"公众"主导作用选项的，三者比重分别为14.1%、8.3%和25.6%，社会公众选择这一答案的比重超过了1/4，表明社会公众对自身在低碳发展中的作用相当肯定。

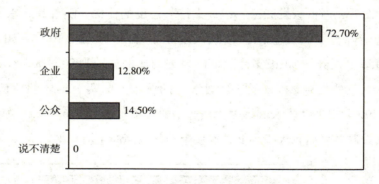

图5-36 调查对象对主导低碳发展主体的认识情况

5.4.3 对保定低碳发展工作的评价

调查发现，保定市低碳发展工作力度需要进一步加大。从公众对"您认为保定市促进低碳发展的政策力度如何?"的反馈来看，认为"一般"（28.2%）或"不够"（40.8%）的受访者合计达到近70%，认为"很大"

（4%）或"比较大"（20.1%）的合计不足 1/4（见图 5 – 37）。认为力度
"很大"的受访者中，政府人员比重最低，只有 1.7%，社会公众比重最高，
达到 9%；认为工作力度"不够"的受访者比重，则呈现相同的分布规律，
三者比重分别为 31%、43% 和 50%，其中社会公众认为工作力度不够的人数
超过了一半，说明一般公众对保定市加大低碳发展力度有更多期待。

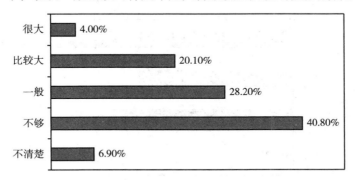

图 5 – 37　调查对象对保定低碳发展政策力度的评价

　　针对"您保定市低碳发展过程中公众参与的效果如何？"的问题，认
为"效果明显"的只占 4%；认为"效果一般"和"效果较差"的，分别
达到 51.2% 和 31%（见图 5 – 38）。其中，政府机关人员认为"效果明显"
的选项为 0；认为"效果一般"的则超过 60%；认为"效果较差"的人
中，社会公众比重最高，达到 43.2%。

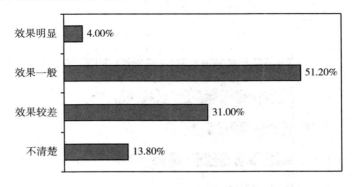

图 5 – 38　调查对象对保定低碳发展公众参与效果的评价

　　关于保定市政府为了节能减碳、保护环境而制定的相关政策效果，反

馈结果不容乐观，41%的受访者认为政策实施"效果不大"，认为"有一定效果"的占 32.4%，"不确定"的占 24.9%，认为"很有成效"的不足2%（见图 5 – 39）。其中，政府机关认为"有一定效果"的比重最高，达43.9%；企业认为"效果不大"的比重最高，达 48.6%；而社会公众回答"不确定"的比重最高，为 38.6%。

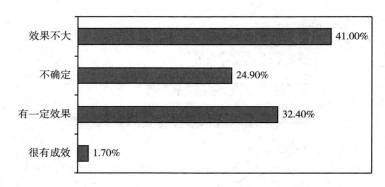

图 5 – 39　调查对象对保定政府低碳发展政策效果的评价

　　针对"若将'中国电谷·低碳保定'作为保定市的城市名片，您认为是否名副其实"这一问题，绝大多数受访者均不同程度表示不认可，认为"不适合"的比重最高，达到 34.5%；认为"不太适合"的比例达到25.3%（见图 5 – 40）。其中，社会公众、企业认为"不合适"和"不太合适"的比重更高，企业人员中，二者合计达到 62.5%；社会公众中，二者合计达到 65.9%。

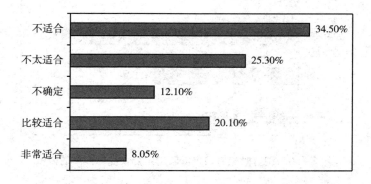

图 5 – 40　调查对象对"中国电谷·低碳保定"城市名片的认可程度

针对保定市当前低碳发展相关工作进行的满意度调查，共列举暴雨洪涝等极端天气的应对工作、大气污染治理工作、汽车尾气治理工作、生活垃圾减量分类回收工作、旅游经济发展、企业节能减排、居民生活污水处理、城市植树造林园林绿化工作、公共交通出行、清洁能源汽车推广工作、低碳知识和低碳信息宣传教育工作、居民低碳生活倡导、推进低碳办公等 13 项工作，排在前几位的分别是"企业节能减排"（15.9%）、"公共交通出行"（15.9%）、"旅游经济发展"（14.6%）、"城市植树造林、园林绿化工作"（11.9%）、"大气污染、雾霾治理工作"（8.6%）、"居民生活污水治理"（8.6%），但是这些选项得票率均不高，同时，有 9.4% 的调查对象填写了"无"，对以上各项工作均不满意（见图 5 – 41）。其中，政府机关人员最满意的是"企业节能减排"（25.5%），企业人员满意度最高的是"旅游经济发展"（16.2%），社会公众最满意的是"公共交通出行"（25.0%）。

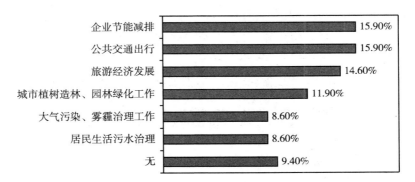

图 5 – 41　调查对象对保定政府低碳发展相关工作的认可程度

5.5　低碳行为实践

公众低碳行为和消费习惯是公众低碳意识的直接表现，对公众消费习惯的调查是本研究的重要内容之一。

5.5.1 消费行为习惯

针对"您每年衣服购买数量是多少?"的问题，调查结果表明，42.5%的受访者表示每年购买的衣服在5件以下；44.8%的受访者表示每年购买5～10件衣服；每年购买10～15件、15件以上衣服的比例分别为8.6%和4.1%(见图5-42)。调查发现，年龄和收入是影响消费者行为的重要因素，30岁以下人群中，每年衣服购买数量在"5件以下"的，仅占30.4%；选择"5～10件"的比重最高，为50.7%；选择"10～15件"及"15件以上"的比例分别为14.5%和4.4%，也高于其他年龄段。31～59岁人群和60岁及以上人群中，选择"5件以下"的，分别占到50.5%、50%；选择"5～10件"的，分别占40.4%和50%，选择"10～15件"及"15件以上"的比例则很小，31～59岁人群只有5.1%和4%，60岁及以上人群则为0。从收入看，月收入5000元以上人群中，选择"5件以下"和"15件以上"的比例，均在三组人群中处于最高水平。

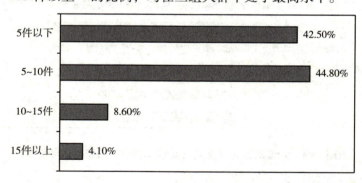

图5-42 调查对象每年购买衣服数量情况

与衣服一样，食品也是居民生活刚性需求。针对"您主要的进餐地点是哪里?"这一问题，57.6%的受访者主要在家里用餐；34.2%的受访者回答主要在单位食堂用餐；主要在餐馆用餐的比重为6%(见图5-43)。调查发现，用餐习惯与年龄高度相关，30岁以下、31～59岁、60岁以上三组人群主要在家用餐的比重依次提高，比例分别为34.3%、71.4%和

100%，30 岁以下人群选择在单位食堂用餐的比重最高，达 53.4%。分收入水平看，收入水平越高的群组，主要在家用餐的比重越高、在单位食堂用餐的比例越低，月收入 1000 元以下、1000～5000 元、5000 元以上三个组主要在家用餐的比重分别为 22.6%、64% 和 68.7%，在单位食堂用餐的比重为 61.3%、34.1% 和 18.7%。在选择主要在餐馆用餐的人群中，占比最高的为研究生以上人群，比例高达 23.8%，其他各种分类标准群组均低于 10%。

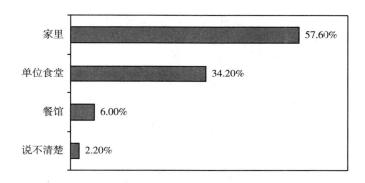

图 5-43　调查对象主要用餐地点

5.5.2　居家生活情况

在居民低碳生活方面，重点调查了居民家庭家用电器、人均每月用电量、电器使用习惯、垃圾处理、一次性产品使用等情况。

针对"您家里使用节能电器吗？"这一问题，回答"以节能电器为主"的占 41.4%；回答"有节能电器"的比例为 47.7%；回答"不关心是否是节能电器"的比例为 9.2%；回答"不使用"的比重为 1.7%（见图 5-44）。这一结果与前面公众对节能环保标志关注情况的调查结果相吻合。该项调查发现，节能电器的使用与职业、学历、年龄等因素关联度不高，但与收入水平有密切关系，在选择"以节能电器为主"的群体中，月收入 1000 元以下、1000～5000 元、5000 元以上群体的比例分别为 22.6%、41.7% 和 60%，随着收入水平的提高，所占比重明显上升。

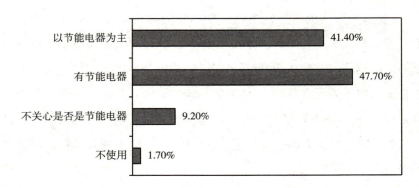

图5－44　调查对象家用节能电器拥有情况

　　随手断电、及时关闭电器电源等虽然是一些生活细节，但这些节约能源资源的行为习惯，是居民弘扬低碳生活风尚的重要内容。调查发现，保定市居民多数具有较好的生活习惯，针对"您用完电器是否关掉开关或拔掉插头？"这一问题，57.5%的居民回答"及时关掉或拔掉"；38.5%表示"不一定，有时候关掉或拔掉"；回答"从不关掉或拔掉"的占4%（见图5－45），反映出公众在注重节电减碳方面已经形成了相对较好的基础。调查还发现，职业因素在用电习惯方面差别不大，学历高的人、老人和高收入人群的节约用电意识更强，研究生及以上学历、60岁及以上老年人、月收入5000元以上三个群体回答"及时关掉或拔掉"插头的比例分别为76.2%、83.3%和73.3%，大大超过平均水平。

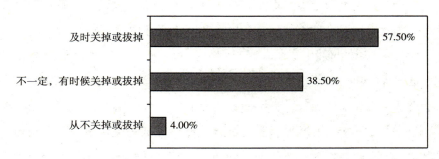

图5－45　调查对象电器的使用习惯

　　在对居民家庭人均月用电量调查显示，人均每月用电量小于15度的占23%；15～25度的占43.7%；25～35度的占17.2%；超过35度的占

13.2%；2.9% 的受访者不清楚用电情况（见图 5 - 46）。收入状况与用电量密切相关，月均收入 5000 元以上人群中，53.3% 的受访者人均月用电量在 25 ~ 35 度；而月均收入 1000 元以下、1000 ~ 5000 元两组该区间比重分别是 16.1% 和 13.4%。同时老年人比较注重节约用电，60 岁及以上人群中，人均每月用电量小于 15 度的占 66.7%。

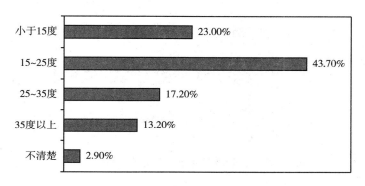

图 5 - 46   调查对象家庭人均月用电情况

生活垃圾处理方式对居民生活碳排放具有重要影响，一般来说，对垃圾分类回收，对环境的影响最小。调查发现，在垃圾处理方面，居民整体分类回收的意识还不够强，远远达不到理想的程度，当然，这与垃圾处理基础设施的不完备也有很大关系。调查发现，42.5% 的受访者选择"混合丢弃垃圾"，占比最高；37.9% 的受访者选择"对垃圾进行分类"；19.6% 的受访者选择"尽量回收利用垃圾"（见图 5 - 47）。表明在推动垃圾低碳化处理方面，保定市还有许多工作要做。

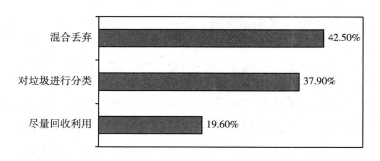

图 5 - 47   调查对象垃圾分类习惯

对于废旧电子产品的处理，选择"出售给回收人员"的比重最高，达51.2%；35.6%的受访者选择"直接丢弃"；13.2%的受访者选择"赠送或者捐赠"（见图5－48）。选择直接丢弃的比重相当高，既造成了浪费，也容易造成环境破坏。调查发现，老年人在这方面做得最好，60岁及以上人群回答"直接丢弃"的为0，选择"出售给回收人员"的比重达83.3%。

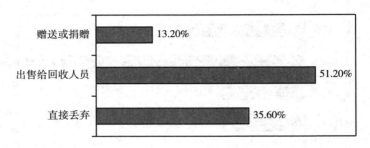

图5－48 调查对象处理废旧电子产品垃圾情况

针对"您购物时是否经常自带购物袋"这一问题，20.7%的受访者选择"总是自带购物袋"，70.1%的受访者选择"有时候自带购物袋"，"从不自带购物袋"的占9.2%（见图5－49），说明公众参与低碳发展有一定的主动性，但紧迫性不高，需要采取鼓励和限制措施，提高公众自带购物袋的比重。

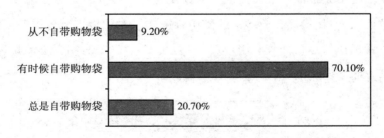

图5－49 调查对象购物时自带购物袋的情况

针对"您一次性用品（筷子和纸杯）等的使用情况"这一问题，有11.5%的人选择"从不使用"；选择"有时候使用"的占79.3%；"经常使用"的占9.2%（见图5－50），在"经常使用"一次性用品的受访者中，研究生及以上群体所占比重最高，为23.8%，这可能与其所从事的工作性质有关。

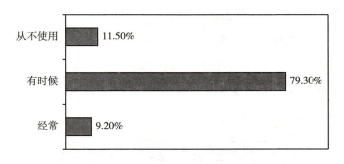

图 5 - 50　调查对象使用一次性产品情况

5.5.3　交通出行方式

出行是人们日常生活的一项基本需求，出行方式既是人们生活水平的客观反映，也是人们环保意识的主观选择。随着经济发展阶段变化和人们收入水平提高，汽车等交通工具日益普及，日常通勤成为城市交通能源消费和碳排放的重要组成部分，出行方式在低碳生活中的作用更加重要。

通勤距离和通勤时间是影响居民选择出行的方式的两个重要因素。通勤距离短的居民会选择步行上班，随着通勤距离的增加，会逐渐倾向于选择自行车或电动车，如果距离较远，则会选择公共交通和私家车。城市规模越大，居民居住和就业分离的情况越普遍，通勤距离也会显著增加，选择公共交通和私家车出行的比例会比较高，由于开私家车具有舒适性、灵活性等方面优势，所以在大城市，开私家车出行的比例目前居高不下。

针对受访者上下班常用的交通方式，调查发现，选择"步行"者比重最高，为27.5%，选择"骑自行车""骑电动自行车""坐公交或单位班车"者，所占比重分别为14.8%、9.3%、25.8%，这几种交通出行方式都属于低碳交通，总计占77.4%，选择"开车或打车"的比重占22%（见图 5 - 51）。可以看出，在选择出行方式方面，保定市目前公众选择低碳出行的比重较高，但随着生活水平的提高和通勤半径的增大，人们拥有私家车的数量会不断提高，选择高碳出行方式的人群可能会增加。这一点从不同收入人群的差异可以看出，月均收入5000元以上的受访者中，选择"打车或开车"的比重达到41.2%，显著高于月收入1000～5000元人群（24.4%）和1000元以下人群（3%）。同时，政府机关人员和企业人员选择"打车或者开车"比重分别达到22.8%、23.7%，大大高于社会公众的比重（10.6%）。

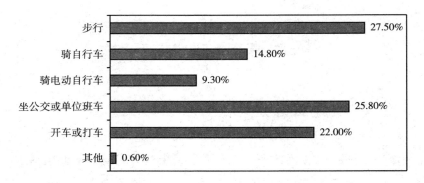

图5－51　调查对象上下班交通方式选择情况

居民是否选择公交出行，很大程度取决于公共交通的便利性。调研发现，如果居住地和公交车站点的步行距离在10分钟以上，乘私家车出行的人并不容易转向公共交通出行，但如果步行距离缩短到10分钟以内，很多人会转为采用公交通勤方式。缩短公交站点距离对于原来选择步行的人影响最小，而对乘私家车出行的居民影响最大。调研还发现，由于各种因素影响，有30%左右乘坐私家车或出租车的人始终不会选择公共交通出行。提高公交系统便利性比降低价格更能提高人们对公共交通的使用。缩短公共交通站点与居住地距离、减少候车和换乘时间均可提高人们公共交通出行的比重，且其效果大于降低公共交通票价的作用。在公交不发达区域，增加站点密度比增加公交发车频次更为有效。相比减少候车和换乘时间，居民对缩短站点距离更为敏感。与公共交通便利性相同，使用私家车的便利性对居民的出行行为也具有重要影响，不过其作用机理与公共交通相反，乘用私家车便利性与居民采用公共交通出行的比例呈负相关性。

另外，出行方式决策与居民的社会经济地位有密切相关。一般而言，收入水平高的人群、男性更倾向于选择私家车出行。收入较低、年轻人、租房群体选择步行、自行车、电动车、摩托车等方式出行的比例更大。此外，居民的出行偏好会由于他们所处的生命周期阶段不同而不同，老年人一般优先选择公共交通出行，已成家尤其是有小孩的家庭对私家车的需求更大。

针对受访者外出旅行主要出行方式的调查显示，外出旅行采用"火车"的比重最高，达 58.9%；采用"长途汽车"的比重为 18.9%；采用这两种相对低碳的交通方式的比重达到 77.8%（见图 5 – 52）。收入是影响交通出行方式选择的重要影响因素，在所有分组中，人均月收入 5000 元以上人群乘坐飞机旅行的比重最高，为 20%。这也意味着随着经济发展和收入水平不断提高，引导公众继续保持低碳行为习惯具有相当的重要性。此外，高学历人群外出旅游选择飞机的比重相对也较高。说明一般情况下收入状况与文化程度密切相关。

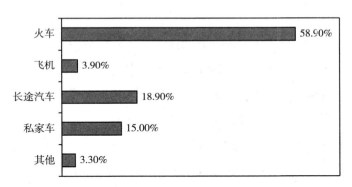

图 5 – 52　调查对象外出旅游交通方式选择情况

目前，公众在选择出行方式方面具有一定的低碳环保意识，但受现实条件的制约，如公共交通、自行车等低碳出行方式的通勤距离太长、公共交通的便利性和舒适性与私家车相比较低等，阻碍了居民选择低碳出行方式。不同群体对低碳发展的参与程度和意愿差异显著。收入差异可以作为综合反映教育程度、工资水平等指标的指标，不同收入水平居民的低碳参与方式和程度具有明显差异。高收入居民对于低碳发展的节能环保的参与程度较低，应对经济刺激的行为改变倾向不明显。低收入居民的节约意识强，在出行和生活中都能积极参与低碳行为，并且应对经济刺激的反应较大。

5.6　调查结论

通过以上调查并结合访谈，对保定市公众参与低碳发展的现状有了较为全面的认识和把握，分析表明，保定市提出建设低碳城市以来，积极加强能力建设，开展各项宣传教育，公众参与意识和积极性逐步增强，公众参与低碳发展的社会氛围逐渐形成，但从总体上看，保定市低碳发展的政策体系仍有待完善，公众广泛参与的机制和渠道尚不健全，公众参与低碳发展仍然任重道远。具体看，保定市公众参与低碳发展调查呈现以下四个特点。

一是公众对推动低碳发展意愿较强。公众对低碳发展有一定的认识和了解，对于低碳发展普遍持支持态度，具有参与其中的良好意愿。越来越多的公众开始在生活细节上注重节能、环保和低碳，落实低碳行动，倡导低碳生活，并涵盖了衣、食、住、行等各个方面，这为低碳发展公众参与进一步发展奠定了良好的基础。公众的积极主动参与可以形成强烈的低碳发展内驱动力，对营造全社会良好的低碳发展氛围具有积极促进作用。同时，也要看到，目前公众较为广泛的低碳参与行为是资源节约行为，低碳环保参与行为相对较少。经济因素和生活习惯是影响公众参与低碳生活的不可忽略的因素。政府需要鼓励和保护公众较高的低碳生活意愿，多方面创造条件将公众的意愿转化成低碳行为。媒体也要加强低碳生活理念和低碳生活方式的传播，使社会各界都能认识到低碳生活的重要意义，掌握节能减排的方式方法，从而真正实现向低碳生活方式和消费方式的转变。

二是公众普遍认为政府在低碳发展中需要发挥主导作用。由于中国的国情和发展阶段，以及中国长期以来形成的政府主导型发展模式，公众普遍要求政府应在低碳发展中发展主导作用，采取更多行动，推动低碳发展，并为公众参与低碳发展创造更多机会和条件。许多受访者在问卷答案之外，专门提出意见建议，希望政府加大雾霾治理力度；政府应从减少企业污染排放、汽车限号、垃圾处理等方面着手治理环境污染；"APEC 蓝"充分说明，只要有力度，大气污染会治理成功。有人提出，低碳生活，低碳城市，政府责任很大，我们会积极参与；希望政府加大低碳建设力度，提高广大市民幸福生活指数。

三是低碳发展公众参与的力度和效果需要进一步提升。通过调研分析发现，保定市低碳发展进程中，公众参与还很不普遍，大部分公众只是听过但不知道如何具体参与。相对而言，公众对切身能充分感受到的大气雾霾污染有更高的认识度。这主要是由于，尽管公众具有较强的低碳参与意识，但主要是公众参与低碳发展的渠道，特别是参与政策制定的渠道非常有限。还有相当比例的公众对低碳的概念内涵还不够了解，低碳传播氛围和低碳消费氛围还不成熟，也制约了公众主动参与低碳发展。表明公众低碳相关知识普及还存在较大的提升空间，政府在城市发展政策制定、产业选择、城市建设等方面，应注重进一步发挥公众参与作用，并积极塑造平台，扩大公众参与范围，提升公众参与效果。

四是参与方式与自身素养对公众参与低碳发展具有较大影响。低碳发展公众参与进程中，报刊、电视等新闻媒介起到了传播的重要作用。社区和居委会的活动、科普活动、网络社交也是宣传低碳的有效方式。公众自身的能力和素质直接影响其参与低碳发展的程度，相比于文化水平较低的人群，受过高等教育的公众对于低碳发展理解更为深入和全面，更易主动参与低碳发展；收入也是影响公众参与的重要因素，不同收入的人群参与低碳发展的程度也不同，一些低收入者受经济水平的制约公众无暇顾及低碳发展，职业、年龄也是影响低碳生活方式的重要因素。调查还发现，公众对于跟自身相关度高的问题较为关心，影响公众采取低碳措施应对气候变化的一个重要因素就是公众的"心理距离"，也就是说公众将气候变化和低碳发展看作是一个时间上、空间上、社会关系上远离自己的议题。只有缩短公众的"心理距离"，将气候变化转化成一个更真实的、本地的、相关的、急需解决的挑战，从而搭建起气候变化与个人生活的关联，才能号召公众行动起来，采取节能减排的措施，真正践行低碳的生活方式。

第6章

构建公众参与型低碳发展机制

6.1 相关理论基础

6.1.1 有关概念

对案例城市保定市低碳发展过程中公众参与状况的调研，展示了我国低碳发展现实的悖论，一方面，社会各方面都已经意识并认可低碳发展的必要性和紧迫性，并愿意参与其中，践行低碳发展理念；另一方面，作为低碳城市试点的保定市在叫响"低碳发展"口号的同时，却时时陷入"雾霾围城"的窘境，理想和现实的差距表明，没有低碳发展的有效机制，就不可能有低碳发展的结果，而发展机制则是一个由发展目标、发展战略、发展政策和社会动员共同构成的耦合式链条，其中，公众参与或社会动员的水平，对低碳发展的成效及质量，具有重要的决定性作用。构建公众参与型低碳发展机制，不仅是实现低碳发展的必然选择，乜是中国构建现代化治理体系的内在要求。

1. 公众参与

公众参与一般指公民个人、社会群体及其组成的社会组织作为主体，在其权利义务范围内进行的有目的的社会行动。这一概念最早起源于1969

年谢莉·安斯汀《市民参与的梯子》。1978 年，美国学者兰顿把公众参与定义为公民参与公共事务的决策和管理的过程。也有学者认为："当公民和政府官员有参与的需求和参与机制确实存在时，公众参与才如实存在。"① 传统的公众参与是一种政治概念，一般从公民政治参与开始，逐步扩展到对各领域公共事务的参与。在民主管理实践中，民众逐渐突破传统的参与范围和模式，积极参与到更广泛的公共事务的决策和管理中，并强调了公共机构和公众在参与过程中的互动性。

公众参与最早是由发达国家提出，引入公众参与旨在利益集团之间建立共识，增强公民对公共事务的发言权，从而加强行政决策的权威性，公众参与也有助于增强政府决策科学性。传统的参与机制包括公共听证会、公众论坛、社区会议、公民咨询团体和公民个人代表等方式，除此之外，还包括公民调查和焦点小组、互联网和电子邮件等参与方式。在发达国家有关公众参与的文献中着重强调两个方面的参与：一是参与经济发展、环境保护、教育、公共卫生、公共安全等公共事务，以及财政预算等管理功能；二是参与也发生在政策制定或目标抉择过程中，因此，公众可以参与目标设定、战略、政策、容量的确定、实施评价等事务。

公众参与进入中国社会视野是在 20 世纪 90 年代以后，随着改革开放的推进，我国国民素质得以提高，公众参与意识逐渐增强，公众参与相关研究也成为学者们日益关注的课题。蔡定剑教授认为："公众参与作为一种制度化的公众参与民主制度，应当是指公共权力在进行立法、制定公共政策、决定公共事务或进行公共治理时，由公共权力机构通过开放的途径从公众和利害相关的个人或组织获取信息，听取意见，并通过反馈互动对公共决策和治理行为产生影响的各种行为。它是公众通过直接与政府或其他公共机构互动的方式决定公共事务的过程。公众参与所强调的是决策者与受决策影响的利益相关人双向沟通和协商对话。遵循'公开、互动、包容性、尊重民意'等基本原则"。② 因此，公众参与的概念排除了选举，也

---

① KINGCS, STIVERSC. Introduction：The anti－government era ［M］// KINGCS, STIVERSC (Eds.). Government is us. Thousand Oaks, CA：Sage, 1998：3－18.

② 蔡定剑：《中国公众参与的问题与前景》，载于《民主与科学》2010 年第 5 期，第 26 ~ 29 页。

不包括公民或集体为个人或群体利益表达意见及采取的行动，如信访、维权行动和集体申诉，以及游行示威、罢工等街头行动，因为这不是一个互动决策过程。王锡梓提出："公众参与就是在行政立法和决策过程中，政府相关主体通过允许、鼓励利害关系人和一般社会公众，就立法和决策所涉及的与利益相关或者涉及公共利益的重大问题，以提供信息、表达意见、发表评论、阐述利益诉求等方式参与立法和决策过程，并进而提升行政立法和决策公正性、正当性和合理性的一系列制度和机制"。[①]

公众参与包含参与主体、参与客体和参与途径三个基本要素，即"谁参与""参与什么""如何参与"。公众参与的方法和技术主要包括参与主体的确定、参与领域的选择、参与形式的选择以及参与程度的界定等。中国是人民当家做主的社会主义国家，人民依法享有管理各项经济社会事务的权利，在社会发展过程中，有效推动公众广泛参与国家各项事务的管理，对健全社会治理体系，提高社会治理水平，具有重要意义。

2. 低碳发展

从本义上讲，低碳发展是指以较低的碳排放实现发展目标的发展方式，低碳发展的直接目的，是通过减少二氧化碳等温室气体排放，以有效减缓气候变化。从广义上讲，低碳发展并不仅仅是指减少二氧化碳排放，而是用来代指低温室气体排放。从根本上讲，低碳发展的概念已经超越了碳排放本身，代表了人类寻求与自然和谐共生的努力，即人类在满足自身生存和发展需要的过程中，力争避免对自然环境造成过多损害和影响。本书对低碳发展的论述包括三个层面。

一是经济学层面的低碳发展。从经济学层面来说，低碳发展主要体现在生产方式和生活方式、消费模式上，低碳发展要求以尽可能少的碳排放来实现发展目标。决定低碳发展的主要因素是产业结构、产业技术水平、

---

① 　王锡锌、章永乐：《专家、大众与知识的运用———行政规则制定过程的一个分析框架》，载于《中国社会科学》2003 年第 3 期，第 113 ~ 127 页。

能源结构和能源利用效率，以及建筑、交通等重点领域能耗水平、居民生活方式等。从能源的需求侧来看，产业结构、产业技术水平和居民生活方式，是影响碳排放的关键因素，从能源的供给侧来看，能源结构和能源利用效率，是决定碳排放的直接因素，其中，化石能源和太阳能、风能、水能等低碳能源的比价关系，决定着高碳能源和低碳能源的竞争力，进而影响到能源的低碳化发展水平。推动低碳发展，必须使能源价格充分反映出化石燃料使用所导致的碳排放和环境污染成本，从而为低碳能源提供发展空间。同时，随着风能、太阳能发电技术进步，成本不断降低，低碳能源的竞争力将不断提升，从而最终实现低碳能源对高碳能源的有效替代。

二是政治学层面的低碳发展。低碳发展不仅反映出资源禀赋和经济发展水平，也反映出一个国家政策导向和利益格局。从政治层面看，低碳发展反映了一个国家各社会利益集团的力量对比和发展理念。低碳发展表面上是围绕碳排放形成的发展方式，实际上从高碳发展向低碳发展涉及重大的利益调整，围绕利益调整和分配，相关方在政治和政策层面展开博弈，一个国家低碳发展目标和政策导向、政策工具的选择，是各种政治力量相互博弈和妥协的结果，反映了一定阶段社会的政治共识。低碳发展不是一个自然发生的过程，而是一个需要政策引导推动发展机制变革的过程，低碳发展的实现必须通过在政治层面培养壮大低碳发展利益集团，限制高碳发展利益集团，从而形成有利于低碳发展的良好政治格局。

三是哲学层面的低碳发展。从哲学层面看，低碳发展是人类对自身发展方式的反思，这种反思是根本性的，不仅涉及发展的终极目的是什么，也涉及什么是发展，如何度量发展，在哲学的意义上，即人如何认识自己，又如何与自然相处的问题，在中国传统哲学中即心与物的关系问题。在地球的演化和自然环境变迁过程中，物质的交换、能量的转换、碳的循环，是一个自然力自在发挥作用的过程。尽管人类自身的存在也不过是地球碳循环和能量交换的一个环节、一种形式，但人类的出现，特别是工业革命的发生，改变了亿万年来的自然界自在演化的进程，人类以主体的姿态介入自然发展过程，将自然纳入了客体范畴，人化的自然，也即自然不再自然而然，人的个体的主观意志是优化个人的生存环境，但结果由于"看不见手的原理"而使自然环境遭受损害进而威胁到人类的生存，生态环境的破坏、人为的气候变化，表明人类的发展不过是通过透支未来成本而换取短期的收益，对自然来说，收益就是成本，成本就是收益，物质和能量永远会最终自动恢复平衡。因此，低碳发展，代表了人类实现人与自然和谐发展、可持续发展的价值追求，表明人类不再通过过度透支未来成本换取眼前利益，这种发展方式的实现，需要以低碳之"心"驾驭发展之"物"，必须通过改变和重构公众认知和价值体系，进而通过公众的持续参与和努力才有可能转换为现实，达到"知行合一"。

3. 公众参与型低碳发展

低碳发展作为公共事务，关系到公众的切身利益。和其他任何事关公共生活的事务一样，低碳发展要有效推进，也必须仰仗有序的公众参与，关键在于公众对低碳发展达成"知行合一"的状态。我国的公众参与始于20 世纪 80 年代初的规划研究，而低碳发展公众参与的提出，最早见于2011 年"低碳发展公众参与"——第六届中华环保年会暨低碳环保生活消费品博览会。低碳发展公众参与涉及个人、企业、政府、相关组织和机构等多重主体，各主体之间相互制约、彼此影响，共同推动和落实低碳发展。在低碳发展中，公众参与不仅局限于狭义的政治参与，还包括公众自发地响应政府号召进行低碳生活和生产过程这种非政治参与，是一种广义的公众参与概念。低碳发展，因各国不同的发展阶段和历史条件，可以具有多种形态，公众参与型低碳发展，则是以公众参与作为低碳发展基本动力和重要价值标准的发展方式。这一发展方式，体现了以人民为中心的发展理念，也更符合现代社会的基本价值观念，是生态文明的具体实践。

6.1.2　善治理论

善治是现代政治学研究的重要范畴。俞可平认为，善治具有以下基本要素：合法性、法治、透明、责任性、回应、有效性、参与、稳定性、廉洁公正。[①] 在此基础上，可以从战略性、法治性、责任性、参与性和有效性等五个方面进行分析。

一是战略性。善治思想要求构筑多元主体之间长期合作的战略伙伴关系，并且制定事业发展的长远规划。

二是法治性。法治既是善治的一种重要手段，也是保障善治的屏障和底线。治理并不排斥强制、国家权力和政府权威，只是在这一基础或前提下，强调政府的管理权和公众的参与性，它本身也包含了强制性手段的法治。[②]

三是责任性。责任是善治的基本要素之一，治理理论主张通过多样化的激励约束机制促使多元主体共担公共事务治理的责任。

四是参与性。由单一管制主体向多元化主体演变是善治的显著特征之一，环境保护、低碳城市建设对广泛参与的要求格外主张。1992 年，联合国环境与发展大会发表的《里约环境与发展宣言》第 10 条提出，环境问题的最优处置有赖于所有相关公民在不同层面的参与；就国家层面而言，每个人应有适当途径获得公共机构掌握的环境信息，而且有机会参与到决策过程中；国家应广泛提供信息，从而提升和鼓励公众对环境治理的认知度和参与度。[③]

五是有效性。善治的有效性重视公共管理的效率和效果，注重通过多元主体的合作提升治理的绩效。

从以上理念阐释可以得出结论，公众参与型低碳发展是符合善治理论的可持续发展方式，是善治理论在可持续发展领域的具体实践。

6.1.3 参与式发展理论

参与式发展（participatory development，PD）是 20 世纪 60 年代以来兴

---

① 俞可平：《绩效与善治》，社会科学文献出版社 2000 年版。
② 梁莹：《治理、善治与法治》，载于《求实》2003 年第 2 期。
③ The United Nations. Rio Declaration on Environment and Development ［EB/OL］. http：//www. un. org/cyber school – bus/peace/earth summit. html.

起的理论，最早应用于社区活动中，后逐渐在不同领域开始应用。参与式发展理论是对以传统发展理论的批判和反思，并逐步成为一种极具创新性的理论和实践模式，被广泛应用于经济政策、社会政策等各领域的研究和实践中。作为一种新的发展理念和方法，参与是参与式发展的核心，而发展是参与式发展的目的。

参与反映的是一种基层群众被赋权的过程，主要包括：受益人在发展过程中的决策及选择过程中的介入；目标群体在项目执行全过程的介入；受益群体在发展过程中做出相应的贡献及努力；受益群体对项目的成功具有相当的承诺并具有一定的实施项目的能力；目标群体对实施项目的主动性和责任感；重视乡土知识及创新；确保目标群体对相关资源的利用及控制；对目标群体的能力建设；目标群体尤其是弱势群体真正能分享发展所带来的利益；对目标群体自我发展能力的建设；对权力及民主的再分配；建立机制化的长效参与机制。

尽管参与概念的特点如此宽泛与松散，但也体现了参与概念的多维度性和多层次性特征，至少包括政治、制度、经济、文化等维度和理论、范式、方法、实践等层次。参与式发展的基本原则是：建立伙伴关系；尊重乡土知识和群众的技术、技能；重视项目过程，而不仅仅看重结果。参与式发展实际就是以人为本的发展观。

一般意义上的参与式发展理念，打破了传统发展思路中公共权力资源配置的单极化和公共权力运用的单向性。其核心理念是赋权给民众，民众参与发展的过程就是一个不断实现赋权的过程。参与式发展能打破传统的"自上而下"的指令式发展，而以一种"自下而上"的视角，通过民众的积极参与以及专家的辅助作用，使民众公平地拥有发展的选择权、决策权和收益权。由此，公众参与实际上是民众影响发展方向和实践的一种积极主动的介入方式，强调民众积极主动地参与发展的全过程，突出民众的主体地位和主人翁意识，如此，发展目标才更容易得到公众的理解和支持，也才更可能获得成功。

总结起来，参与式发展是人们相互间的一种自愿贡献，就是让人民自主参与项目的决策、实施、利益分配及监督和评估；社区的参与意味着社区的人们有权力和责任参与揭示自身的问题，指出自身的需要，评估自身的资源，并找出解决问题的办法；参与式就是通过组织起来，通过自身努力，形成有效的控制和创造；强调当地人的参与，由外来者协调和帮助。促进当地人进行调查和分析，分享调查和分析的结果，达到使当地人自我分析、做出计划和采取相应的行动的目的。参与式发展的思想核心就在于：强调了发展过程的主体是积极、主动的人，只有人的发展在项目实施过程中得到强化，这种发展才是可持续的、有效益的发展。

6.2　低碳发展的主体与低碳转型

6.2.1　低碳发展的主体

低碳发展是以低耗能、低污染、低排放为特征的可持续发展模式，是"低碳"与"发展"的有机结合。低碳发展的基本含义是减少温室气体排放、应对全球气候变化，其深层含义则是实现人与自然环境的和谐共处和人类社会的可持续发展。低碳发展的主体不是碳，也不是自然环境，而是人类社会，在现实层面，是形形色色的社会组织，包括国际组织、国家、企业、研究机构、非政府组织、新闻媒体以及社会公众。概括起来，低碳发展的主体可以从以下三个层面进行分析。

1. 政府

政府是制定和实施公共决策、实现有序统治的机构，泛指各类国家公共权力机关，包括一切依法享有制定法律、执行和贯彻法律，以及解释和应用法律的公共权力机构，即通常所谓的立法机构、行政机构和司法机构。政府是经济社会发展的管理者和组织者，也是低碳发展和低碳社会建设的领导者。从一般意义讲，政府的权力来自人民，是公共利益的维护者，政府作为社会的管理机关，其政策影响到社会发展进程，政府政策制定的依据，只能是社会公共利益，但在现实层面，政府建立后，其政策会受到各个社会阶层或利益集团的影响，政府的政策目标往往最终体现了各种社会利益的平衡，政府在制定政策过程中，还要兼顾不同的政策目标，其中一些目标之间是相互制约或不可兼得的，如追求经济快速增长，就往往需要付出较大的资源环境代价，因此，在发展的不同阶段，需要确定不同目标的优先序列，同时在政府内部还可能会形成特定的统治利益集团，产生特定的政府自身利益。政府追求自身利益，就可能偏离公共性的宗旨，损害社会利益。因此，政府政策制定过程是政府自身利益、企业利益和公众利益互动、博弈的过程。在低碳发展中，政府发挥着主导性的作用，低碳发展在政府政策目标中的优先序列，决定着低碳发展的方向和力度。政府在低碳发展中的主导作用，是由低碳发展的外部性特征所决定的。政府可以通过立法制定相关管制法规和标准，出台低碳发展有关规划计划，建设相应的监管体制，拟定相关低碳发展政策，引导经济社会发展方向，促进低碳技术和产品研发，通过有关经济政策和市场监管，引导企业转变生产经营方式，鼓励公众和非政府组织等积极参与低碳发展。因此，低碳发展对政府作用与角色定位、政府法律责任与行政责任、政府职能转变、公共政策转型、公共财政和公共治理等均将产生深刻影响。

2. 企业

企业一般是指以盈利为目的，运用各种生产要素（土地、劳动力、资本、技术和企业家才能等），向市场提供商品或服务的社会经济组织。企业是经济活动的主要参与者，现代经济学理论认为，企业本质上是"一种资源配置的机制"，其能够实现整个社会经济资源的优化配置，降低整个社会的"交易成本"。企业在满足社会需求的过程中，实现自身利益的最大化。因此，企业提供的产品和服务特别是通过技术创新，对社会需求具有引导作用。同时，社会需求的变化也会很快传导到企业的生产活动中，引导企业生产能更好满足社会需求的产品和服务。

随着生产力的发展，企业形式也得到不断发展与演进，现代企业是经济社会发展到市场经济阶段的产物。企业作为现代经济发展的基本单元，代表着一个社会基本的经济组织形态，其发展模式决定社会的资源消耗和碳排放基础水平。企业是社会产品和服务的基本提供者，也是能源的主要消耗者，在不同的历史阶段，企业消耗能源的种类和形式不同，因而具有不同的碳排放水平。在第一次工业革命时期，蒸汽机的发明使煤炭成为在企业中最广泛使用的能源。对于正在进入工业革命的英国来说，17世纪是一个能源危机的时期，而煤炭成为主导性能源，纯属偶然。由于煤炭燃烧的气味和烟雾难以为当时人们所接受，14世纪时的英国国王爱德华一世曾颁布法令，禁止人们使用煤炭作为燃料，违者处以重罚。但由于大规模使用木炭导致的森林消亡，英国必须找到一种可替代性能源。恰好英国境内煤炭储量丰富，英格兰、威尔士和苏格兰分布着众多煤田。煤炭的使用，使人类长久地摆脱了有机物经济的制约。正如法国史学家布罗代尔指出，"这一革命决定性的、纯属英国本土的特征是煤的应用越来越广，烧煤成为英国经济的主要特征。这倒不是深思熟虑后做出的选择，而是因为煤弥补了英国一个明显的弱点"。[①] 煤的使用贯穿于英国整个工业之中，同时刺激人们不断进行科技创新，提高能源利用效率。首当其冲的是，焦炭炼铁法应用于矿井取水中，生铁易断的弊端被解决了。1856年西蒙·斯特蒂文特在冶炼矿石过程中取得巨大发现，大大提高了煤火冶炼的效率，使高炉的使用效率提高了10倍。英国工业革命最显著的三大标志可以说是：煤炭、钢铁和蒸汽机。正是人类对于煤资源的充分利用，英国完成向现代经济的转型。第一次工业革命以蒸汽机为标志，开辟了煤铁时代。第二次工业革命则使人类进入了内燃机和发电机的时代，由此开始了石油和天然气的大规模运用，化石能源成为促进经济发展的血液。在这一时期，化石能源使用产生的环境污染和碳排放问题尚未得到全社会的重视，企业烟囱冒出的滚滚浓烟反而成

---

① ［法］布罗代尔著，顾良、施康强译：《十五至十八世纪的物质文明、经济与资本主义（1－3卷）》（第三卷），生活·读书·新知三联书店2002年版，第640页。

为工业文明的重要标志，因此，这一时期，企业的碳排放没有受到任何政策的限制，处于很高的水平。水电的大规模开发，是工业革命后人类拥有的第一种可再生及低碳能源。第二次世界大战后，核能得到了迅速发展，成为发达国家的一种主流能源，推动了能源结构的清洁化、低碳化转型。20 世纪 90 年代后，由于《联合国气候变化框架公约》的签署，低碳发展成为大势所趋和各国政府的政策选择，企业的碳排放水平成为全社会普遍关注的问题，控制碳排放成为企业发展中需要履行的重要社会责任。

在低碳发展中，企业是政府低碳发展政策的主要执行者和响应者，是公众低碳发展需求的主要被关注者，在全社会的推动下，也可以成为全社会低碳文化的重要实践者，企业通过改进技术、加强管理，会有效降低生产和销售活动的碳排放，同时通过提供更加节能低碳的产品和服务，可以有效减少消费者使用过程中产生的碳排放。因此，企业在低碳发展中居于主体地位。

3. 公众

公众是社会的主体，从概念上讲，是指在特定的社会关系中相互联系和相互作用的个人、群体或组织的总和。从客观角度讲，公众就是社会群体的总和，指与企业、政府相对应的社会行动主体。公众不仅是社会个体，而且包括公众为参与社会生活而组成、组建的各种社会团体、研究机构、新闻媒体等非政府、非企业。从公共关系学的角度，按照公众的发展阶段进行分类，作为公共关系的对象可分为非公众、潜在公众、知晓公众、行动公众四类。四类公众代表了对某一特定社会议题四类不同的社会影响力群体。推动社会公众依次从非公众、潜在公众向知晓公众及行动公众转变，需要由社会主体采取宣传引导行动，提升公众参与能力和水平。

从社会发展的目的看，公众利益是社会的最高利益，公众意识是社会发展的重要推动力。在低碳发展上，公众是参与和推动低碳发展的重要主体，公众参与对实现低碳发展至关重要。首先，公众参与低碳发展的自觉意识即"知"，是实现低碳发展的内在驱动力。公众强烈的自觉参与意识，是发展低碳经济的内在要求和动力。公众只有形成低碳发展的理念，才能产生推动低碳经济发展的意愿和行动，进而推动政府政策和企业行为的改变，从而提升低碳发展的社会价值。其次，公民在消费领域通过购买和消费低碳产品，落实低碳发展理念，积极培育低碳生活方式，包括衣、食、住、行、用等方面，降低能源资源消耗。再次，在生产领域，公众参与通过低碳消费促进低碳生产。公众的行为和偏好是企业生产的方向盘，也是政府制定政策的主要依据。然后，公众参与通过影响扩散和示范效应，将低碳理念从自身、社区、团体等逐步扩展到城市，进而带动全社会参与其中。最后，公众可以通过合适渠道，参与到低碳发展政策的制定和执行过程中，如通过听证会、咨询会等途径参与低碳法规的制定，通过社会监督，确保政府低碳政策和法规的有效实施。

政府、相关组织和机构以及公众自身都会对公众的行为方式与意识理念产生影响、作用。政府以激励、引导和约束等手段，帮助公众不断寻求自身利益和低碳行动的契合点，并为公众参与低碳发展和决策建立长效机制；相关组织和机构在发挥政府与公众之间桥梁作用的同时，也以宣传、教育等活动方式推动公众树立低碳意识，践行低碳生活。与此同时，公众自身的低碳行为也会影响到他人，使其由低碳宣传对象变为宣传主体，通过榜样作用和示范效应，最终实现全民参与低碳发展（见图6-1）。

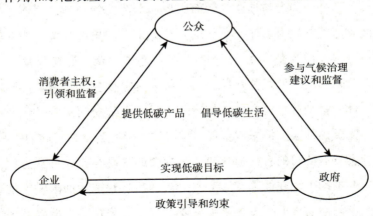

图6-1 低碳发展主体关系示意

6.2.2　低碳发展主体利益博弈

发展低碳经济，实质是一场深刻的利益调整。由于温室气体排放水平主要是由经济发展方式及人们的生活方式决定的，控制温室气体排放，实质是要求节约能源资源和调整能源结构，并由于能源成本的变化而影响经济发展方式和人们的生活方式，因此，低碳发展，将对不同社会群体产生不同的影响。低碳发展的标的物虽然是"碳"，是以"碳"作为发展过程的衡量标志的，但隐藏在"碳"背后的是形形色色的人及其相互连接成群体的社会关系。对碳排放时空布局的历史研究和现实分析，有助于了解人类工业社会的历史演进和技术发展轨迹。

从碳排放的历史分布看，18 世纪开始的工业革命开启了大规模使用煤炭等化石燃料的历史进程，欧美等先行工业化国家开始无限制大规模排放温室气体，这些国家的历史累积高排放的是造成今天全球变暖的主要肇因，而占全球人口大多数的发展中国家由于工业化、城镇化、现代化进程滞后，历史排放很少，有些国家至今尚未进入工业化进程，其碳排放主要是生活排放和生存排放。

从碳排放的全球分布看，目前的高排放国家仍然主要是发达国家，且由于高碳的生活方式，发达国家人均碳排放仍然居高不下。发展中国家中，近几十年来，一些油气资源生产大国和新兴工业化国家碳排放显著增加，使全球碳排放的主要来源扩展到了更大的地理范围。由于全球产业分工的调整以及技术进步，目前发达国家的排放总量已经开始下降，而发展中国家的排放仍在持续增长。

从碳排放的社会分布看，一个国家内部社会的碳排放水平主要取决于其产业结构、能源结构和生活方式，碳排放水平首先由于富有阶层和贫困阶层生活水准的巨大差异而发生背离，城市人口和农村人口因为享有不同的基础服务、生活标准也产生了排碳的差异，在生产者利益集团中间，高碳利益集团与低碳利益集团在能源问题上对立显而易见，由于经济全球化的深入发展，各国内部不同利益集团的博弈不再是孤立的、封闭的内部较量，而是与全球碳排放博弈相互连接，能源生产和消费的全球化也导致了化石能源利益集团与可再生能源利益集团博弈的全球化，因而在全球化时代，一国内部的碳排放的社会分布和发展政策博弈，既体现着一个国家内部社会结构的特点，也深受全球气候治理进程的显著影响。

分析低碳发展的利益调整和推进机制，必须研究低碳发展中各利益集团的行为动机和行为方式。根据罗伯特·达尔的定义，"任何一群为了争取或维护某种共同利益或目标而一起行动的人就是一个利益集团"。[①] 奥尔森从经济学的视角系统分析了利益集团的形成及其内部运作、利益集团对经济发展和制度变迁的影响，认为利益的变化是制度变迁的基础。如果一个社会允许某些特殊利益集团具有强权地位，那么他们会拼命剥夺整个社会的利益，但如果有不同的利益集团形成相对均衡的态势，则会对社会产生正面影响。[②] 因此，为保障社会公平，应鼓励形成具有广泛代表性的利益团体，使不同利益集团在竞争中形成均衡，以约束少数过于强大的利益集团对社会总体利益构成威胁。

低碳发展的利益主体包括政府、企业和公众，低碳发展的关键，就是要处理好三者之间的关系。在推进低碳发展过程中，政府、企业和公众具有各自的约束目标与利益诉求，这些目标和利益诉求既有一致性，也有差异性。低碳转型的进程，主要取决于低碳发展主体及各主体内部利益集团的利益博弈。

政府的政策目标是实现经济发展、民生改善、社会和谐，从而取得民众的支持，以维持其统治地位。政府掌握着政策制定权和资源分配权，进而可以影响到企业的发展方式和公众的行为模式。政府的政策方向取决于不同社会群体的利益诉求博弈。从全社会看，各个利益集团并不是固定不变的，随着国家的制度调整和利益格局变化，利益集团的行为模式也会发

---

① ［美］罗伯特·达尔：《美国的民主》，波士顿赫夫顿密夫林公司1981年版，第235页。
② 罗金生：《利益集团与制度变迁：渐进转轨中的中小商业银行》，中国金融出版社2003年版，第2页。

生相应的变化。在经济发展初期，政府和公众都更加看重经济发展，环境保护和低碳发展还未能成为优先事项，经济政策更侧重于维护企业发展利益，以高碳和污染为代价换取经济增长的现象较为普遍。同时也要看到，对许多经济欠发达国家来说，尚存在庞大的缺乏电力和能源供应的人口，他们极其低碳的生活方式，并非一种可持续的发展，而是发展失败和治理失效的表现。高碳发展，往往在经济刚刚进入工业化早期阶段的发展中国家最为突出，在这些国家，发展冲动伴随着治理体系不完善，高碳的阶段合理性与成本收益的社会不均衡性并存，高碳发展的收益往往被少数人获得，而成本却由全社会共担，因此，从社会治理正义来说，高碳发展往往是"未经授权"或"未经同意"的发展。

随着经济社会发展水平提高，公众权利意识增强，也更加注重享有良好的生态环境，企业的竞争力和社会责任感也会逐步增强，政府政策将更加注重经济发展、社会发展和环境保护之间的平衡。政府本质上是公众利益的代表和维护者，但由于官僚体制的固有特性和体制机制不健全，政府内部可能会形成部门利益。公众参与在促进低碳发展过程中是防止和限制政府部门利益扩张的重要机制。

企业行为是实现低碳发展的主体环节。企业以追求利润最大化作为首要目标，企业的行为模式，取决于政府政策导向和公众的消费导向。低碳发展，将改变企业生存和发展的外部条件，对于企业来说，既存在巨大压力，又蕴含着巨大商机。麦肯锡公司的一项全球调查发现，有60%的全球经理人把气候变化视为必须在公司整体战略内加以考虑的事情。全球应对气候变化的行动进展越大，企业忽视这一问题的代价就越大。面对政府制定的低碳发展法律法规，企业必须遵守，当企业认识到对碳排放的限制越来越多时，向低碳转型并利用这一新机遇的优势就会凸显；随着公众低碳意识的提升，企业只有承担相应的社会责任，提高美誉度，才能更好被公众接受，提升竞争力。同时，企业的生产效率与能耗物耗水平密切相关，企业只有不断降低能耗，采用新技术，提高环境技术水平，才能节约企业成本。

公众是由不同社会利益群体组成的，从最终意义上讲，公众既决定着国家政策的方向，也决定着企业发展的方向。在低碳社会建设的过程中，公众参与、监督政府环保政策的制定与执行，也监督企业生产经营行为，引导企业产品的发展方向。在低碳发展的相关利益者模型中，各项决策均应充分考虑公众的关切和利益，才能赢得公众的广泛支持。但公众各社会群体中，不可避免对低碳发展存在着不同的认知，从而导致不同的政策偏好和行为方式。

政府政策、居民低碳意识和收入水平是影响居民的消费行为与习惯的重要因素。根据有关家庭电力消费调查，电价变动对于居民用电量影响非常显著，家庭人口多的居民由于基本生活需求较高，对电价变动的敏感性最低；随着家庭人口的减少，居民对电价变动的敏感度逐渐提升。电价上涨还会改变居民购买节能家电的倾向，随着电价上涨，居民购买节能家电的倾向不断提高。从不同收入群体看，随着电价的上涨，中等收入人群（月收入为 5000 ~ 15000 元）对节能产品的消费倾向改变改变最明显，高收入人群购买产品时对价格不敏感，因此增加幅度不大。节能产品与一般产品价差会明显影响居民购买倾向，尤其是中等收入居民的购买倾向，中等收入者对产品价格最敏感。节能意识差异也显著影响居民在电价调整时购买节能家电的倾向。居民节能意识强，会提高购买节能家电的主动性。政府节能补贴也能够显著改变居民购买节能家电的行为倾向。因此，居民的行为改变同时受到电价调整幅度、节能补贴力度、节能家电与普通家电的价差等多方面的影响。

因此，推动低碳发展，需要形成制度化的低碳发展主体利益诉求机制，在决策及选择过程中三类主体平等介入，形成生态利益共识，做出符合大多数人利益的决策，并承诺为共同目标努力。参与式低碳发展要求主体以平等姿态面对和理性沟通问题，注重运用说服、辩论等方式，使参与平台更具包容性和平等性，认识到各自的责任并具有相应的动力，组织或参加到具体的行动中去，共同分享低碳发展的收益。同时，要提升低碳发展治理主体间的回应性。回应性是"善治"的核心要素之一，对公共性、平等性特征显著的气候治理尤为重要。参与式低碳发展更强调利益聚合导向，或以协商后达成共识为目的，或以增强对气候问题的理解与体验为目的，最终对政策推行做出回应。如果没有相应的体制机制保障，公众参与可能会流于形式，一些管理部门可能认为，公众参与是对管理者的掣肘，不利于政府决策和公共事务处理，并且要消耗大量的人力、物力和财力，与其部门利益存在矛盾。更重要的是，是否分享决策权是区分形式性参与和实质性参与的关键。政府部门的决策权会在公众实质性参与中被解构和稀释。同时，在不同行为主体内部，又存在高碳利益集团和低碳利益集团，在气候治理过程中，由于治理成本主要由高碳利益集团承担，会引起他们直接或间接的抵制，他们会以各种方式阻碍有利于低碳发展的法律及政策的出台和实施。从深层次看，人们对高碳发展政策的容忍既有利益因素，也有成本因素。高碳政策虽然会损害全人类的气候安全，也会带来雾霾等问题，但就个人和特定地域来说，其危害程度不易衡量，公众为此联合起来反对需要个人付出机会成本，而高碳政策的受益者受益程度会很大，更愿意付出一部分代价进行公关，保护本群体的利益。因此，政府要承担统筹低碳经济发展的领导与管理功能，通过经济政策，营造有利于低碳发展的外部环境，要加快培育低碳发展利益集团，通过建立低碳社会组织推动低碳集体行动，进而实现低碳发展制度变迁。

一般来看，制度变迁和制度选择取决于一个社会各利益集团间的权利结构与社会的偏好结构。如果资源要素价格、环境要素价格、社会公众偏好以及技术结构发生变化，碳排放利益集团有可能被诱致转化为减排利益集团，企业就可以成为低碳产业和低碳产品的开发主体，社会、居民将成为低碳消费和低碳生活的主体，以低碳发展为核心的利益协调机制可以得到逐步构建。近年来，在全球绿色低碳发展潮流之下，以前一直对应对气候变化问题持抵制态度的美国传统能源企业开始纷纷转变立场，特朗普上台以来，越来越多的美国企业，包括油气、煤炭、发电等传统能源企业，纷纷呼吁特朗普政府让美国留在《巴黎协议》中。星巴克、百事等面向消费者的企业已将减少碳排放作为优先事项，这些企业出售的产品并不直接导致碳排放，他们希望与倾向购买绿色环保产品的消费者保持更直接的互动。对通用电气、埃克森美孚等全球跨国公司来说，他们认为美国退出《巴黎气候协定》只会削弱美国在其他地缘政治问题上的地位，这将会损害他们在全球的运营。对于化石能源的上市公司，由于其投资者对解决气候变化问题的呼声日益强烈，或至少不要反对这样的政策，这一新趋势已影响到企业的发展理念，埃克森美孚等石油巨头加大了对天然气的投资，这将使其收益于加速天然气替代煤炭的气候政策。大型煤炭企业也表示，《巴黎气候协定》可保护他们在全球的利益，使美国谈判代表有机会在未来全球能源结构中支持煤炭企业，煤炭企业最不希望的是在国际气候讨论中放弃美国的席位，而让欧洲人控制议程。美国传统能源企业在气候变化问题立场上的转变（见专栏 6－1），可以看作公众、企业和政府互动博弈的一个典型案例。可以看出，在低碳发展过程中，政府政策导向发展着重要的主导作用，公众意识和关切是实现低碳发展的最终动力。

专栏 6－1

全球石油巨头发力清洁能源发展

2014 年 9 月，联合国气候变化峰会召开期间，全球 7 大石油公司宣布成立了油气行业气候倡议组织（OGCI），2015 年巴黎气候大会期间，其成员扩大到 10 个，包括：沙特阿美、壳牌、道达尔、BP、埃尼、挪威国油、雷普索尔、中石油、墨西哥国油和印度信实工业，这十大石油巨头的油气产量占全球石油和天然气产量的 20%，供应全球近 10% 的能源。2016 年 11 月 4 日，在《巴黎气候协定》生效之际，该组织企业领导人峰会在伦敦召开，签署了《OGCI 共同宣言》，提出了油气行业控制和减少温室气体排放的行动方向，包括减少天然气生产储运过程的甲烷排放；碳捕集、利用和封存；提高工业领域能效，减少交通运输业的碳排放强度，并宣布成立清洁能源发展基金，计划在未来 10 年内每年投资 1 亿美元开发捕集和储存温室气体技术，并努力提高能源效率。

近年来，国际石油巨头在可再生能源领域投资动作频频，石油与可再生能源之间的矛盾已不再不可调和，可再生能源已经开始成为石油公司的重要业务内容。2018 年 1 月，壳牌宣布投资 2.17 亿美元，收购美国太阳能公司 Silicon Ranch 43.83% 的股份，成为其最大股东。壳牌在 2016 年成立了新能源事业部，随后展开了建设电动车充电站、氢燃料车加氢站，投资太阳能、风电等一系列行动。壳牌公司提出每年新能源研发预算达 2 亿美元，并在 2018 年初宣布将在 2020 年以前每年向清洁能源领域投资 10 亿~20 亿美元。道达尔 2017 年 12 月下旬宣布以 2.85 亿美元价格收购阿根廷一家名为 EREN RE 的可再生能源公司 23% 股权。此前，道达尔就已经是新能源行业的顶级玩家，2011 年，公司以 14 亿美元收购太阳能公司 SunPower 的股份。到 2035 年，其新能源市场份额增加到 15%~20%。目前，道达尔已成为世界第三大太阳能运营商，其装机总容量超过 6000 兆瓦。近期，挪威国家石油公司宣布未来 7 年内将投资 2 亿美元用于发展可再生能源。意大利石油巨头埃尼公司也已在全球多个国家开展太阳能项目，并计划 2020 年之前在可再生能源领域投资 5.5 亿欧元。埃克森美孚石油每年对新能源投入的研究资金高达 10 亿美元。英国石油公司（BP）宣布与特斯拉公司合作，在美国建设首个风力发电电能存储系统，该公司计划每年向低碳技术投资 5 亿美元。

资料来源：根据有关新闻报道整理。

6.2.3　公众参与在低碳转型中地位和作用

在低碳发展过程中，公众参与的重要性和关键作用，来自公众既是社会整体利益的代表，也是政府合法性的来源，同时是企业产品的购买者和消费者。围绕公众参与，构建中国低碳发展新的体制机制，是由中国的国家和社会性质、党的宗旨、新时代新的发展理念等共同决定的。

1. 人民当家做主的社会主义国家性质决定了公众参与低碳发展的重要性

习近平在庆祝全国人民代表大会成立60周年大会上的讲话中所指出的："我们必须坚持国家一切权力属于人民，坚持人民主体地位，支持和保证人民通过人民代表大会行使国家权力。要扩大人民民主，健全民主制度，丰富民主形式，拓宽民主渠道，从各层次各领域扩大公民有序政治参与，发展更加广泛、更加充分、更加健全的人民民主。国家各项工作都要贯彻党的群众路线，密切同人民群众的联系，倾听人民呼声，回应人民期待，不断解决好人民最关心最直接最现实的利益问题，凝聚起最广大人民智慧和力量"。当前，绿色低碳发展已成为国际潮流和大势所趋，人民对美好生活的向往要求我国必须加快推进绿色低碳发展，公众参与低碳发展是人民依法对国家公共事务进行管理的重要内容。

2. 新时代以人民为中心的发展理念决定了公众参与低碳发展的现实性

唯物史观认为，人民群众是历史的真正主人，是社会物质、精神财富的创造者和社会变革的决定力量。党的十九大报告指出，必须坚持以人民为中心的发展思想，不断促进人的全面发展、全体人民共同富裕。这一思想是坚持人民主体地位这一根本原则在发展理论上的创造性运用，是对中国特色社会主义建设过程中经济社会发展的根本目的、动力、趋向等问题的科学回答。第一，发展为了人民，这是对发展目的问题的回答。发展为了人民，就是把增进人民福祉、提高人民生活水平和质量、促进人的全面发展作为根本出发点和落脚点，就是把实现好、维护好、发展好最广大人民根本利益作为发展的根本目的。第二，发展依靠人民，这是在发展动力问题上的主张。发展依靠人民，就是把人民作为发展的力量源泉，充分尊重人民主体地位，充分尊重人民所表达的意愿、所创造的经验、所拥有的权利、所发挥的作用，充分尊重人民群众首创精神。自觉拜人民为师，向能者求教、向智者问策，不断从人民群众中汲取智慧和力量。第三，发展成果由人民共享，这是对发展趋向问题的阐释。发展成果由人民共享，就是使发展的成果惠及全体人民，逐步实现共同富裕。

这一发展思想与党的根本宗旨一脉相承，中国共产党的宗旨是全心全意为人民服务。这一根本宗旨决定了党是最广大人民根本利益的忠实代表者和坚定维护者，党的一切工作都必须以最广大人民根本利益为最高标准。以人民为中心的发展思想既是党的根本宗旨的必然要求，也是党的根本宗旨的深刻体现。坚持党的根本宗旨，就要做到不断为广大人民谋利益、使发展成果更多、更公平惠及全体人民。坚持以人民为中心的发展思想，就是要从人民群众的根本利益出发谋发展、促发展，不断满足人民群众日益增长的美好生活需要，努力促进人的全面发展。以人民为中心的发展思想不仅科学回答了实现什么样的发展、怎样发展的基本问题，而且明确回答了"发展为了谁、发展依靠谁、发展成果由谁享有"的问题。公众参与低碳发展是实践以人民为中心的发展思想的重要内容，也是依靠人民实现低碳发展的关键举措。

3. 实现生态文明建设和低碳发展的历史任务决定了公众参与的不可替代性

党的十八大以来，以习近平同志为核心的党中央站在战略和全局的高度，对生态文明建设提出一系列新思想、新论断、新要求，为建设美丽中国、实现中华民族永续发展、走向社会主义生态文明新时代指明了前进方向和实现路径。党的十八大报告强调："把生态文明建设放在突出地位，融入经济建设、政治建设、文化建设、社会建设各方面和全过程"，生态文明建设既与经济建设、政治建设、文化建设、社会建设相并列，从而形成中国特色社会主义"五位一体"总体布局，而且要融入经济建设、政治建设、文化建设、社会建设各方面和全过程，进一步凸显了生态文明建设的重要地位。低碳发展是生态文明建设的基本途径之一，根据我国向联合国公约秘书处提交的国家自主贡献文件，我国提出了到 2030 年左右碳排放达到峰值并争取尽早达峰等目标。实现生态文明建设和低碳发展的历史任务，必须通过全社会的积极努力，特别是通过广泛的公众参与，将生态文明建设各项目标任务落到实处。低碳发展的公共性催化了公共利益与个人利益的统一，使公众参与诉求日益增强，公众参与的重要性也愈加凸显。强公共性还降低了公众参与协商的门槛，与个人息息相关的公共利益促进公众更积极地参与协商，符合生态文明的价值制度也易于建立。

公众参与的重要作用，体现在低碳发展的各领域和全过程。特别是对我国这样一个中国共产党领导的、人民当家做主的社会主义国家来说，动员广泛的公众参与，对于以公平、合理、有效的方式实现低碳发展目标，提高社会治理水平，具有重要意义。

首先，公众参与有助于低碳发展政策制定的科学化、民主化。低碳发展政策影响面广，关系经济社会发展全局，随着我国发展水平和社会治理水平的提升，对政策制定的科学性和可行性要求不断增加。政策的科学化与决策的民主化相辅相成，这就要求在决策过程中遵循民主协商原则，扩大公众参与。扩大低碳发展决策中的公众参与对于问题的确认、提高政策的合法性和促进政府决策的理性化具有重要意义。从实际情况来看，决策者进行一项决策时，其最初的价值判断可能近似于一种本能反应，甚至还表现出尽可能地规避公共政策的原则，规避公共政策的必要程序，试图按照自己的主观愿望和价值偏好制定公共政策的消极倾向。在这种情况下，只有公众参与决策才能更有效地使决策者趋于理性，通过公众的有效参与，更利于实现利益聚合目标。同时，公众参与也是一个公众及其他低碳发展主体协商互动的过程：各参与主体自由表达、认真听取观点并做出回应；努力说服他人并做好被说服的准备；遵循协商程序，自觉维护平等包容的协商环境；根据协商过程修正各种建议以达成共识等。通过参与并承担协商责任，公众充分体会到政策制定的坎坷，更关注协商结果的应用，也是治理主体责任性的最好体现。在这个层面上，公众参与成为推动低碳发展政策科学化的重要政策工具，促使政策的制定以广大民众的利益为出发点，在政策制定过程中，健全、拓展参与、对话、协商的渠道和方式，广泛听取人民群众在低碳发展重大问题上的意向和愿望。通过科学的程序和方法，做出符合最广大人民群众利益的选择，实现以人民为中心的低碳发展。

　　其次，公众广泛参与能够确保低碳发展的各项政策得到有效执行。公共政策的合法性基础源自社会公众的普遍认同和接受。对公共政策的效能来说，公众参与决策满足了社会公众参政议政的心理需要，增强了他们的政治功效感、影响感和尊严感，公众参与还扩大了决策资源的提取范围，增强了政治体系的利益整合功能，因而使公共政策能够反映最大多数人的意愿，能更好协调社会各种利益集团之间的关系，从而增加社会的认同感，可以使公共政策更易于被社会公众接受和认同，减少政府推进政策执行的成本。同时，被公众认可、代表公众利益的政策在执行过程中，会受到公众自发、自觉、自愿的监督落实，公众对企业落实低碳发展政策和违法排放行为的监督，可以为政府有效执法提供信息，提高执法针对性，降低调查成本，公众对政府政策制定和执行的监督，可以有效校正政策偏差，确保低碳发展政策沿着正确的轨道向前推进。

　　综上所述，加强公众参与，对完善我国低碳发展政策决策机制具有重要作用，可以有效推动公共行政的公共性与公民民主权利相契合，确保公共政策对民意的有效回应，保障政策的科学性，是实现社会资源利用效率最大化的最直接途径。

6.3　公众参与主体及其社会形态

　　公众参与低碳发展是公众参与社会政治、经济、文化生活的重要内容，在参与形态上，具有多样性特征，从主要参与形态看，除了个体的低碳行为，也包括群体性、机构性、机制性社会实践。

6.3.1　个人和家庭

　　个人，或者称个体，一般指一个人或是一个群体中的特定的主体。个人是社会行动最小的单位，每个人根据自己的意愿，采取相应的行动，形成个人独特的生活方式和行为模式。每个人行为模式的内在动力是个人的认知和价值观，同时，道德、习俗、法律、政策等社会规范也会影响人的行为方式和边界。因此，公众个人对低碳发展的认知，以及低碳发展的制度法律政策规范，共同影响着公众个人参与低碳发展的行为取向和行为方式。家庭是社会的基本单元，也是个人生活的基本平台，家庭行为取决于个人行为，也影响家庭成员的个人行为，家庭成员之间的互相影响和互动既是最频繁的，也是最活跃的、最有效的，因此，家庭在低碳发展过程中，不仅是低碳行为和低碳生活基本的行动主体，也是促进低碳发展活跃的和关键的参与主体。

个人和家庭参与低碳发展，首先表现在践行低碳的生活方式。生活方式与资源消耗和碳排放密切相关，低碳生活、低碳出行，都会直接减少生活领域带来的碳排放。其次，个人和家庭参与低碳发展，可以通过购买和消费行为，影响企业的生产和经营，如果消费者倾向于购买绿色低碳产品，将会引导企业生产更为低碳节能的产品。同时，公众对企业的生产行为可以起到监督作用，促使企业改善生产技术和流程，加快低碳化进程。个人行为和公众的积极参与，也会影响到政府政策的制定，作为社会公民，公众通过参与政府低碳发展规划和政策的制定，可以推动低碳发展目标的实现，公众对于政府行为也具有监督的作用，促使政府加快决策民主化和信息公开。

6.3.2　社区

汉语的"社区"其实是外来语，20 世纪 30 年代中国社会学家在翻译英文学术著作时，把英语单词 community 翻译成"社区"，从此汉语有了这个词语。德国社会学家 F. 滕尼斯 1881 年首先使用"社区"这一名词（一般译为"共同体""团体""集体""公社"等），当时是指由具有共同的习俗和价值观念的同质人口组成的，关系密切的社会团体或共同体。美国芝加哥大学的社会学家罗伯特·E. 帕克（Robert Ezra Park）第一次给"社区"下定义。他认为社区是"占据在一块被或多或少明确地限定了的地域上的人群汇集","一个社区不仅仅是人的汇集，也是组织制度的汇集"。自滕尼斯开始，对社区这一概念的理解发生了很大的变化，主要观点可分为两类：一类强调精神层面（人群的共同体，如成员必须具有共同的传统价值等）；另一类强调地域的共同体（即具有共同的居住地，即在一个地区内共同生活的人群）。

1974 年，世界卫生组织集合社区卫生护理界的专家，对社区进行了如下定义：社区是指一固定的地理区域范围内的社会团体，其成员有着共同的兴趣，彼此认识且互相来往，行使社会功能，创造社会规范，形成特有的价值体系和社会福利事业。每个成员均经由家庭、近邻、社区而融入更大的社区。概括来讲，社区可以说是相互有联系、有某些共同特征的人群共同居住的一定的区域。如学校、公园、居委会都属于社区。社区一般包括以下四个要素。

一是人群。社区由人所组成，不论何种类型的社区，皆因人聚集与互动，方能满足彼此的需求。作为一个紧密的集体，社区人数不能太多，也不能太少，社区人数过多，将使彼此互动困难，但人数太少就不能形成利益互惠与生活维持的团体。

二是地域。传统上的社区一般包括固定的地理区域范围，以成员居住环境为主体，行使社会功能、创造社会规范。但并非所有的社区都有明确的地理划分。一个村落、一条街道、一个县、一个市，都是规模不等的社区。

三是社会互动。社区居民之间有共同的意识和利益，并有着较密切的社会交往，社区内居民由于生活所需彼此产生互动。如社区居民的衣、食、住、行、娱皆需与他人共同完成，相关的经济、交通、娱乐等系统即因此而形成。社区通过建立各种基础设施和社会规范，满足居民生活所需。

四是社区认同。社区居民以社区的名义与其他社区的居民沟通，并在社区内互动，形成一种社区"归属感"及"社区情结"。一个成熟的社区具有政治、经济、文化、教育、服务等多方面的功能，能够满足社区成员的多种需求。

从低碳发展的视角来看，社区是居民生活的基层单位和社会自治的基本单元，是公众生活的基础共同体。人们的生活和工作都是集中在社区里进行的。社区里的人们通过共同生活、共同劳动而相互熟悉，形成共同的社区意识。社区意识就是人们对所在社区的认同感、归属感和参与感。在小型居住社区里，人们还会形成相互帮助、相互照应的亲密情感联系。社区居民观念、基础设施、管理水平、文化导向，均对社区能源消耗和碳排放水平具有重要影响。我国城乡社区差别较大，又处在城镇化快速发展过程中，社区生活层面碳排放是未来碳排放增长的主要来源。社区作为社会自治组织，以居民委员会和村民委员会作为管理机构，负责辖区内居民自治事务，也为居民参与本社区事务提供了重要平台。如同个人和家庭一样，社区通过采取减排行动，既可以减少二氧化碳排放，也可以有效参与政府政策的形成。社区通过设定自己的减排目标并付诸实施，可以提供低碳发展的榜样，从而影响政府的政策。目前，全球各地已成功推动诸多低碳社区项目，其中，英国、德国、瑞典等国家在建设实践方面已有一定的成熟经验，这些案例透过社区力量推动减碳行动，可以发挥资源集聚效益，产生集群加乘效果。

6.3.3 教育和科研机构

各级各类教育机构是公众接受教育培训、获取知识的重要社会组织。教育机构中最重要的是学校。学校教育是由专职人员和专门机构承担的有目的、有系统、有组织、有计划的，以影响受教育者的身心发展为直接目标，并最终使受教育者身心发展达到预定目标的社会活动。学校教育的具体活动受到社会需求影响，必须符合社会发展趋势，承担着对社会输送人才的职能。一般来说，学校教育包括初等教育、中等教育和高等教育。在现代社会，每一位国民都是学校教育的产物，一个人基本的科学知识和技能都是在学校习得的，学校教育深刻地影响着公众的价值观和行为方式。

除普通学校外，各类培训机构则是人们在步入社会后，接受新知识传播、继续学习的重要教育平台。因此，在社会治理中，学校等教育机构是理念和观念的重要传播者，对全社会的观念导向具有举足轻重的影响力，同时也是发起社会行动和参与社会发展的重要主体。

科研机构是社会知识的主要生产者和传播者，是长期有组织地从事研究与开发活动的机构。科研机构从研究领域划分，主要分为自然科学研究机构和人文社会科学研究机构。自然科学研究机构主要从事科学原理发现和技术创新研究，可以为解决人类社会各种问题包括资源环境问题提供新型解决方案；人文社会科学主要对人们的思想观念和意识行为、社会现象等进行研究，主要影响人们的观念和行为。

自然科学研究机构和人文社会科学研究机构是公众参与低碳发展的重要社会形态。低碳发展需要在全社会形成相应的理念、素质、技术和产品等各层面的支持力量，教育和科研机构对提供全社会低碳发展所需的物质资源、精神资源，发挥着核心的作用。教育机构通过教育培训的方式，提高公众参与低碳发展的意识和能力，并为政府、企业推动低碳发展提供人才支持；科研机构为企业低碳发展提供可行的技术支持、并为政府提供决策依据和政策方案，提供政策建议。在低碳发展中，教育科研机构是十分关键的社会参与主体。

6.3.4　社会组织

公众参与的能力与效果，很大程度上取决于公众参与的组织化程度。一般而言，公众参与组织化程度越高，参与能力越强。社会组织包括行业协会、学会、非政府公益组织、非营利中介组织和社会企业等。相比分散的个体参与，组织化参与具有更强的组织、协调、动员、游说、信息获取与提供、沟通与协商以及与政府讨价还价能力，具有更多、更广泛的参与知识和参与经验。同时，组织化参与的规模效应能够有效降低参与成本。社会组织在低碳发展中具有重要作用，是公众参与环境治理和低碳发展的重要组织形态。社会组织是政府、企业和个人行为之间的传达、监督者，通过社会组织的活动，可以直接引导个人和企业的低碳行为。同时，社会组织也会推动、监督政府低碳发展规划、政策的有效实施等，并将公众的意见传导到政府决策过程中，促进低碳发展的质量和进程。在低碳发展过程中，政府低碳战略的实施，也为低碳发展社会组织的发育和壮大提供了良好的机遇，促进社会组织对低碳发展的参与程度，提高社会组织参与低碳发展的积极性。

社会管理社会化、主体多元化是社会发展的必然趋势。在低碳发展进程中，只有政府、企业、公众、媒体、专家学者等多主体通力合作、协同一致，才能够实现公共管理事务效益最大化，实现公共资源的整合和优势互补，达到"共赢"的目的。同时，低碳发展是一个系统化的动态过程，参与对象具有广泛性，社会组织不断分化、衍生，利益结构不断调整，传统的权力集中、单线运行的社会管理方式难以满足低碳发展的需求。因此，社会力量的参与和政府部门的引导是推进低碳发展两个相辅相成的方面，在市场机制难以自动形成推动低碳发展的动力时，政府和社会应分别发挥各自的作用，改变以往政府承担所有责任的传统管理方式，走出一条由政府主导的、遵循市场规律的、拥有广泛公众参与的低碳发展道路。

在各种社会力量中，非政府组织（NGO）具备推动公民参与、维护公民权利的专业能力和人才队伍，是连接政府决策与民意之间的桥梁和纽带，是低碳事业发展的新生力量。在践行低碳发展公众参与理念的过程中，非政府组织对公众参与的推动作用主要体现为三个层次：第一，通过宣传普及、教育培训、组织活动等途径提高公民在低碳发展中的主体意识，影响、带动公民形成低碳理念，为公民的低碳生活方式提供示范。第二，作为公民利益的代言人，从公益的角度出发采取行动，承担公民与政府部门的沟通和协商职责，实现公民与政府的互动，推动政府做出有利于公众参与和低碳发展的决策，并提供多样化社会服务。第三，作为独立主体为公众和政府提供第三方视角的调研报告和议案，通过提供服务与智力决策拓展公共空间，优化其他社会力量和公众参与低碳发展的平台，提供社会监督。此外，非政府组织在发挥上述作用的过程中，还具有灵活、高效的特点，在组织结构、活动形式上具有很大的弹性，可以根据不同的条件、情况灵活调整工作布局和步骤，具有政府机关无法比拟的优势。可见，非政府组织既是低碳发展的参与主体，也是沟通协调其他主体的关系、实现多方协同的关键力量。

按照积极扶持、加快发展，加强沟通、深化合作，依法管理、规范引导三项原则，在低碳发展中引入以非政府组织为代表的社会力量，重新认识非政府组织等社会组织在促进低碳发展公众参与中的作用，增强对社团组织的信任、领导和扶植，为社团组织的发展创造更大的空间，开发其潜在的社会协同资源。首先，应建立健全社会组织"孵化"机制，促进各类社会组织发育完善，积极建设各种公共服务平台，进一步完善社会管理多元化架构，充分发挥各种社会组织、各方社会力量的协同、互补作用，通过整合政府和媒体、非政府组织、专家等社会力量，建立健全信息发布、民意表达、绩效评估、奖惩问责机制，推进公众参与低碳决策程序的法定民主程序的制定，赋予公众参与低碳发展的制度化渠道，为低碳的公众参与营造全社会共同关注的氛围和良好的制度环境。其次，倡导社会监督，保障公众对低碳发展的知情权、参与权与监督权，促进低碳行政执法人员依法履行职责，提高低碳管理的质量和效率，通过社会监督活动提升公众对政府部门决策的参与热情，提高社会主体表达利益诉求、就公共事务进行协商谈判的能力，推动公民意识的觉醒和公民社会的建立，打造有利于公众参与低碳发展的社会软环境，促进经济社会进步与低碳发展互惠共赢。最后，通过职能转移、放松管制、能力建设、财政支持、购买服务等方式培育和促进非政府组织的发展，进一步改革社会团体登记管理制度给予其更大的发展空间，并积极与非政府组织开展合作。

6.3.5　新闻媒体和网络社会

新闻传播媒体是现代社会的重要特征，一般来说，传媒最基本的功能是信息传播，在这一最基本功能的基础上，还具有宣传教育、舆论监督、提供娱乐、社会协调、文化传承等功能。新闻媒体改变着人的社会环境、生活理念、思维方式、价值取向，推动着人类社会的发展，丰富着人们的文化生活，在潜移默化中实现对人们心理，思想和行为的有效控制。

传统新闻媒体包括报纸、杂志、电视、广播等。进入互联网时代，新媒体和社交媒体逐渐兴起，形成了一个不同于传统社会的网络社会，网络媒体与网络社会在信息传播方面具有独特的优势，其组织形式和发展形态也很独特，互联网大容量、高速度、超文本、互动性、多媒体形态的特点，使新闻传播朝着更加快捷、更加便利、更加多样化和个性化的方向发展。网络新闻是真正全球化的新闻，它以自己的技术优势，不仅给社会公众提供了自发自收的自由，而且提供了抵抗多种可能的收发限制，这就使网络新闻能够在一些事件、问题、人物、现象上，形成独特的舆论环境。

新闻媒体和互联网新媒体不仅是制造舆论、影响低碳发展的重要平台，也是公众参与经济社会生活的重要组织形式，在低碳发展中，发挥着越来越重要的舆论和知识传播作用。公众参与低碳发展，既需要有一定的组织形式，也需要有相应的传播平台和沟通渠道。传统的新闻媒体在推动低碳发展过程中主要是传播信息、影响舆论、发挥监督作用，而互联网新媒体在具有强大的信息传播和舆论监督作用的同时，还具有强大的沟通和组织功能，可以把处在不同的地域的人在网络空间凝聚成具有共同信念的行动主体和网络社区，从而形成推动低碳发展的持续推动力。

6.4 公众参与低碳发展的三重维度及作用机理

公众参与低碳发展，是将低碳发展作为一种全社会共同的目标，将公众参与作为低碳发展的源动力，推动政府发展战略政策和企业生产经营模式改进，实现低碳发展所有主体都能积极、全面介入的发展方式。在公众参与下，低碳发展不仅是一个经济发展过程，也将成为一个政治发展和文化重构的过程。公众参与低碳发展主要可以体现在以下三重维度。

6.4.1　参与气候治理进程

行政决策是一个以方案决定为中心的过程，包括决策前、决策中、决策后三个阶段。决策前阶段包括问题认定、议程纳入、方案酝酿三个环节，决策中阶段即方案决定环节，指政府审议决策方案草案，并做出通过、不通过、修改或再次审议决定的环节；若通过，则形成正式决策。决策后阶段包括方案的实施、方案实施的监督与评估等环节。传统的行政决策是"政府决策"，政府保有对决策权的垄断。政府是决策主体，公众往往仅作为决策客体而存在。推进气候治理的公众参与，就是要推动行政决策过程中公众与政府互动，从"政府决策"走向"公众与政府共决"。通过体制机制重构，推动气候治理决策向公众参与开放，把公众参与作为治理的一部分嵌入传统行政决策体制机制中，使公众可以参与决策。

公众参与权既指参与权利（right）也指参与权力（power），参与的实质是赋权。赋权，即赋予公众参与行政决策的权利和权力。行政决策向公众参与开放，必须在法律制度上打破政府决策权的完全排他性，赋予公众参与行政决策的权利。赋权涉及哪些公众有资格参与？可以参与何种决策事项？可以参与相关决策过程的哪个阶段？可以有什么作为？赋权决定了参与权利的适用范围，以及参与的具体内容。公众被赋予行政决策参与权利，这种参与权利的行使，即是参与权力。参与权力是"社会权力"，社会权力不同于个人私权利，它在一定条件下能够通过集合有共同意志、利益及价值观的群体，共同行使其权利，从而形成一股社会势力（社会强制力）去影响和支配其对象，使之顺从于他们的意志而作为或不作为。如对国家机构和对其他社会组织及公民个人行使其影响力、支配力。参与权力，预设了公众的自组织性。公众参与行政决策，体制机制是保障，实质是以公众参与权制约政府决策权，表现为行政决策过程中公众与政府互动，互动程度的增强就是公众参与度的增强。

根据公众参与阶梯模型，公众参与可分为无参与、象征性参与和公众权力三个层次：第一层次不存在公众与行政决策的互动；第二层次包括咨询顾问、安抚劝慰等；第三层次则涉及合作、委任权力等。从信息传递视角考察，三个层次分别以公众接收信息、公众发出信息和政民信息双向互动为核心特征，其中最为关键的第二层次是以公众协商为主的过渡模式。针对该层次，国际公众参与协会提供了协商对话、协商式民意调查、协商式公民陪审团等具体工具。可见，在向公众赋予实质性权力的过渡和演进中，发展以协商民主为主要形式的低碳发展公众协商式参与机制，是推动公众参与层次攀升的重要途径，进而可为气候治理体系和治理能力现代化建设提供可观的内生动力。在生态文明的场域下，公众参与的有效性不再仅取决于政府评估结果，而以公众的动态体验为主，是公众从规划决策到执行的全过程参与后形成的共识。

应对气候变化是一个涉及政治、经济、文化、社会等各领域的综合事务，从国家治理的角度看，首先表现为一个政治发展进程和政策制定过程。《中华人民共和国宪法》规定：人民依照法律规定，通过各种途径和形式，管理国家事务，管理经济和文化事业，管理社会事务。气候治理是国家经济社会治理和环境治理的重要内容，是国家运用治理手段实现应对气候变化目标的治理过程。从本质上讲，发展是一个政治问题，公众参与低碳发展，是"联合决策和权力分享的过程"，主要表现为发展中的赋权本质，在形式上体现为自下而上、平等参与、民主协商等基本原则，公众参与扩展了政府治理的广度和深度，从而可以提高治理的科学性和有效性。公众参与低碳发展，首先是参与气候治理进程。这主要体现在以下几个方面。

1. 参与相关法律法规和规划、政策制定

参与低碳发展相关法规、政策的制定是公众参与国家政治生活的重要内容，也是参与低碳发展的关键环节。低碳发展相关法律法规、规划和政策是低碳发展的重要制度载体。低碳发展的法律法规规定了各社会主体在低碳发展事务中主要的权利义务关系，是对各利益群体核心利益的规范和划分。法律、法规的制定是国家治理的最重要手段，法律的制定过程也是协商民主和公众参与实现的过程。通过公众参与，在立法过程中，可以有效避免利益代表性不足的问题，创造"共同最优结果"而不仅是发现"共同最优结果"。由于气候治理具有公共性、责任性、平等性和回应性等特点，在气候治理立法过程中赋予公众参与权力，加强立法过程的社会参与度，有利于在广泛考虑公共利益的基础上，保障立法和决策的合法性。

低碳发展相关规划和政策的制定，是落实低碳发展目标的主要手段，公众参与不仅有利于提高政策制定的民主性和科学性，有利于政策制定机关广泛接受来自方方面面的意见和建议，形成社会共识，提高政策质量和政策可接受度，促进政策顺利、有效实施（案例见专栏 6 - 2）。当前，我国低碳发展政策制定，存在着随意性和不一致性，加强公众参与，对提升低碳发展政策制定质量尤为重要。在法规和政策制定过程中，要广泛征求有关利益群体和社会公众的意见，相关战略规划和政策的制定，既是一个明确发展目标和思路的过程，也是一个最大限度形成社会共识的过程，社会公众的广泛参与，不仅有助于增加政策的完备性和接受度，也是使政策符合实际需要、可以真正落实和实施的必经之路。同时，由于低碳发展涉及领域广泛，相关政策专业性强，低碳发展规划和政策的制定要注重广泛吸收专家和学者的参与。专家和学者不仅是专业知识、科学研究方法的拥有者，对事实性、技术性问题具有更为精确的、客观的分析，还以价值无涉的、中立的咨询者身份出现，他们的参与会提高相关决策的科学性。同时要看到，专家也有局限性，也存在"专家失败"。因此，在低碳发展决策中，一方面要鼓励发挥专家和学者的决策咨询作用，另一方面也要防范和避免决策过程中的专家专制、专家越位等问题。

专栏 6 –2

日本能源环境政策的协商式民意调查

2012 年，日本就能源环境政策，开展了世界首例全国性协商式民意调查。主要调查内容为吸取福岛核事故的教训，修订中长期能源环境政策。内阁秘书处成立能源与环境委员会，委员会经过一年多研究讨论，提出了 2030 年能源环境政策的三个备选方案，组织全国辩论，广泛收集意见。首轮选取 6849 名参与者进行电话投票，确定他们对安全、稳定、防止全球变暖和成本等方面的优先级，以及对核能占比为 0、15%、20%~25% 等三个核能计划的意见。随后，从参与者中随机抽取 285 人，参加在庆应大学举行的周末审议论坛。与会者到达时参加第二次投票，论坛期间获得易于理解的材料，包括日本能源环境政策的概况和问题总结，增强协商的透彻和参与者的知情度。同时，与会者按小组讨论并可咨询政策专家。论坛结束后组织第三次投票，以评估协商式论坛引发的意见变化。结果显示，在三次投票中，对占比为 0 核能政策的支持率从 32.6%、41.1% 升至 46.7%；支持 15% 核能政策者相对稳定，从 16.8% 升至 18.2% 但最终降为 15.4%；支持 20%~25% 核能政策的比例一直为 13% 左右，对私人、工业部门节能和对可再生能源的支持率分别提高了 10.3 个、6.7 个、2.2 个百分点。由于协商议题具有较强专业性，组织方十分注重参与者的知识积累：在三轮调查中均设置了知识题，参与者在协商民意调查后获得了 7.6% 的知识收益。经过协商式民意调查，日本于 2012 年 9 月制定《革新性能源环境战略》，明确了 2030 年的能源环境政策目标，并制定了中期规划。调查完成后，与会者对其参加协商式民意调查的体验进行了评价：认为整个过程"非常有用"的占 85.6%；认为小组讨论、全体会议和简报材料"非常有用"的分别为 87.4%、78.6%、60%；近八成与会者认为协商过程有助于澄清观点。不过，对企业、政府、媒体和专家的信任度分别仅有 3.6%、6.4%、11.7%、19%；在协商式民意调查结束后，除专家的信任度略有提升外（21.4%），其他均未显著改善。

资料来源：根据相关资料整理。

2. 参与低碳发展有关事务的监督和管理

气候治理，体现了政府与社会的互动关系，治理既是自上而下的引导过程，也是自下而上的推动过程，气候治理，既包括相关问题的发现、提炼、归因过程，也包括政策的讨论、形成和出台过程，还包括政策的实施、反馈及修正过程。公众参与气候治理，一个重要内容就是建立对气候治理机制的有效反馈机制，一方面要监督政府的施政行为，督促政府正确履行职责，防止缺位和越位，监督大气污染防治、节能减碳、发展可再生能源、产业转型、城乡建设等相关法律法规和政策的实施，对政策实施过程中出现的问题提出意见和建议；另一方面要监督各种违反低碳发展法规和政策的行为，包括政府行为、企业行为和社会行为，对违法违规行为，进行举报和曝光，配合和参与政府监管，形成社会舆论压力。

从工业文明和发达国家的历史经验看，环境问题几乎是和大工业生产同时产生的，工业革命首先是能源革命，大规模的化石能源使用和大规模的工业化生产，带来的直接后果就是大规模的温室气体和污染物排放。20 世纪 50 年代，随着绿色发展思潮的兴起，公众参与社会和环境治理理念的不断提升，并采取了一系列社会行动，推动政策发展目标和政策的加快转型，发达国家才逐步摆脱了污染，开始加快可持续发展的转型步伐。因此，"先污染、后治理"的所谓工业化老路并非一个一定会发生的自然历史过程，如果没有公众参与的不断加强，留给人类的或许将是一个"先污染、不治理"的传统工业化社会。因此，生态文明或低碳社会的建立，一定离不开公众的广泛参与以及对政府政策目标、发展导向的有效监督。

　　同时，也要看到，在低碳发展和气候治理过程中引入公众参与，是为了更好实现低碳发展和气候治理的目标，公众参与的深度和广度要服从、服务于这一目的，使公众参与能够起到推动发现问题、协调利益、解决问题的作用，在重视公众参与作用的同时，要防止在行政决策中对公众参与的滥用，防止出现因公众意见无法协调"议而不决"，大幅增加行政成本、降低决策效率，特别是在一些建设项目实施过程中，要防止由于决策机制不合理出现"谁闹谁受益、老实人吃亏"的现象，防止出现由于个别人牟求不正当个人利益阻挠项目实施、法律诉讼旷日持久、导致公众利益严重受损的情况。这就需要合理的公众参与制度设计，逐步推动公众参与的良性发展。

3. 公众参与气候治理的平台、渠道和制度保障

　　公众参与气候治理需要有合适的平台和参与渠道，以及相应的体制机制。体制是静态的，是指气候治理的结构，即决策角色分化及其相互关系，涉及决策权力配置，机制是动态的，即决策过程中角色之间的互动关系和互动方式，关涉决策权力运行。体制与机制既相互区别又相互联系。根据系统理论，结构决定功能，过程实现功能，所以系统功能表现出来的水平高低，既取决于体制，也取决于机制，但体制具有基础性作用。公众参与型低碳发展，要求行政决策权不再高度集中于政府，而是要求公众参与分享政府决策权，逐渐成为政府决策的伙伴。

　　公众参与气候治理的实现，需要一系列制度和非制度要素的支持与保障。制度保障是公众参与气候治理的外在环境，是参与顺利进行的前提。公众参与气候治理能否有效实现，依赖于参与的基础性制度、体制和程序性机制以及支持性保障要素。制度保障、组织保障、程序保障、资金保障、人才保障和技术保障共同构成了公众参与的保障体系。从国内外实践经验看，加强公众参与，需要建立和完善信息公开制度、环境影响评价公众参与制度和环境公益诉讼制度，这是公众参与低碳发展和气候治理的基

本制度安排。同时，参与平台和渠道可以有多种多样。当前，在政府政策制定过程中，面向社会公开征求意见、召开专家论证会、座谈会、论证会、听证会等手段已得到较多运用（见专栏 6 - 3）。针对目前低碳发展政策制定和执行中存在的问题，要继续并更好地发挥公众的作用，提高具体参与途径的可选择性、可达性和畅通性；并鼓励和激发实践中的参与模式创新。

专栏 6 - 3

广州"公众咨询监督委员会"制度

2002 年《广州市政府信息公开规定》出台，并陆续出台一系列重大行政决策程序规范。2010 年《广州市重大行政决策程序规定》出台，2013 年配套文件《广州市重大行政决策目录管理试行办法》出台。在完善行政决策程序基础上，广州还进一步探索建立"公众咨询监督委员会"制度。这一制度源自 2012 年初广州市政府"同德围"综合整治实践。2015 年，《广州市重大民生决策公众咨询监督委员会工作规定》出台。根据规定，公众咨询监督委员会是公众参与重大行政决策的重要载体和平台；关系市民切身利益且涉及面广的重大民生决策事项，均应成立公众咨询监督委员会；利益相关方代表不少于 1/3；公众咨询监督委员会针对具体决策事项，遵循"一事一会"的原则，由主办决策事项的政府部门发起，于决策事项拟议阶段成立，至决策完成时终止；公众咨询监督委员会享有知情权、表达权、参与权与监督权，政府主办部门对委员会提出的意见建议无论采纳与否均应及时反馈，委员会提出的意见建议因故未能采纳的，政府主办部门应如实向其说明理由。"公众咨询监督委员会"作为公众参与的重要载体和平台，嵌入行政决策全过程，是公众参与决策领域的一项重大突破。

资料来源：根据有关新闻报道整理。

中国推进公众参与行政决策是一个渐进过程。其渐进性表现在决策事项开放的渐进性和体制机制重构的渐进性，且机制改革往往先于体制改革。这是中国渐进改革的一个总体特征。尽管机制改革先于体制改革有助于减少改革阻力，但如果体制改革不及时跟进，机制改革的效果将受限。

6.4.2 参与低碳经济发展

低碳发展的主体内容是经济发展。低碳经济发展的主体是企业，企业是社会产品和服务的提供者，也是能源资源的最主要的消耗者和碳排放的主要来源，企业生产、营销过程的能源利用效率和能源消费结构，决定了社会生产的能耗水平和碳排放水平。同时，企业生产产品的性能又决定了社会消费端的能耗和碳排放水平，因此，发展低碳经济，一方面要降低企业生产过程的碳排放，另一方面要引导企业研发制造更多的低碳产品。公众参与低碳经济发展，可以通过公众的低碳发展理念，从需求端将压力传导给企业，推动企业行为模式改变。因此，经济维度的参与是公众参与低碳发展的重点领域。

1. 运用消费者主权引导企业低碳发展

在市场经济中，消费者手中的货币就如同一张张选票，消费者的偏好和货币投向，决定着企业的生存和发展。因此，公众的需求和购买偏好，对企业生产方式具有重要影响。如果消费者偏好购买高耗能、高排放产品，企业就会增加高碳产品供给，从而提高全社会的能耗和碳排放水平，如果消费者更青睐低碳产品，企业就会改变生产结构，增加低碳产品供给。同时，消费者对低碳的关注，还会促使企业增强社会责任，采用更加节能低碳的方式生产产品和提供服务，提高自身的低碳发展能力和技术水平，树立自身良好的社会形象。

公众利用消费者权利引导企业低碳发展，关键是公众自身具有良好的低碳意识。全社会低碳意识的培养，在于低碳发展公众参与主体对低碳发展理念的认知和全社会低碳文化及风尚的培育，特别是要针对不同的社会群体，有针对性地开展低碳宣传教育活动。由于高收入群体是全社会最具购买力的群体，因此，高收入群体的消费取向可以对企业产品研发生产理念产生最大甚至是决定性影响。针对低碳发展参与主体开展的宣传教育活动，应将提升高收入群体低碳意识作为重中之重，进而形成全社会消费时尚。如在应对气候变化和环境友好的社会舆论氛围下，美国加州特斯拉电动车的出现，带动了全球汽车消费理念的巨大转变，特斯拉电动车成为被全球时尚人士和高收入人士热捧的主流热销产品。反过来，消费者对电动车的追捧又刺激了各大汽车厂商，纷纷加入对电动车的研发制造，使传统燃油动力车生产企业面临着越来越大的转型压力。

2. 推动企业开展低碳和气候行动

在低碳发展公众参与主体中，非政府组织和社会团体、研究机构等正在发挥越来越重要的作用。这些机构与企业具有千丝万缕的关系，许多研究机构、非政府组织在应对气候变化和低碳发展方面具有很强的专业知识与技能，可以为企业低碳发展提供专业咨询，帮助企业实现低碳发展目标，一些非政府组织还与企业建立了减排联盟或合作关系，共同推动低碳经济发展。2013 年，我国政府在首个全国低碳日期间，由中国可持续发展工商理事会、美国环保协会、阿拉善 SEE 生态协会等民间组织和中国石化、中国节能、万科集团、远大科技集团、海尔、联想、中信证券、比亚迪、施耐德电气、霍尼韦尔等国内外知名企业共同倡议发起了中国低碳联盟，旨在为政府、企业和民间机构搭建沟通合作平台与渠道，促进政企有效合作以创建绿色低碳新型经济模式，参与中国低碳产业和技术的相关标准制定，关注、分析并及时传递国内外低碳领域重要信息，开展培训和能力建设，帮助企业应对低碳发展过程带来的风险与挑战。这是我国低碳发展领域由民间推动低碳经济发展的重要探索。

社会组织及社会公众的活动还会对企业低碳发展产生重大的舆论压力，发挥重要的监督作用，促使企业采取积极行动，应对气候变化。忽视气候变化和环境保护的企业，将面临越来越大的社会舆论压力，对企业形象产生重大影响。随着气候变化对公司业绩产生显著影响，企业股东也正在越来越强烈地要求企业提供气候变化将如何影响本企业的信息，并要求企业把气候变化的影响纳入本企业的发展战略。气候变化已成为所有公司无可回避的一个重要议题。那些展示了低碳和环保决心且被视作负责任、有远见的公司，在保护消费者、股东和政府的信任方面将占据更好的位置，同时将形成对竞争者的优势。

3. 践行低碳生活方式和低碳消费模式

低碳经济可以从供给侧和消费侧两个方面来构建。公众低碳生活方式的培育，是发展低碳经济的关键环节。要将低碳生活理念贯彻到居民"衣、食、住、行、游"等各个方面，鼓励广大民众摒弃大量消费、大量废弃的传统模式，树立节能环保低碳的消费观，不攀比豪宅、豪车，鼓励选择绿色建筑、低碳家居，低碳饮食，尽量采用公共交通、拼车、自行车或步行等低碳出行方式，节约用电、节约用水，尽量减少垃圾等废弃物，并实行垃圾分类和资源化回收利用。在消费环节，尽量选用节能环保低碳产品，注重家庭用品的循环利用，养成良好的生活和消费习惯。根据研究，把白炽灯换成节能灯的家庭，可以在一年内收回成本，把低效率的热水器换成按需定制或太阳能热水器最高可节能65%。新建建筑中，采用效率最高的制冷和制热设备，平均能耗可以降低50%。在车辆使用过程中，一些小的改变就可以提高能效，如轮胎充气保持在适度水平，可以减少排放10%，使用导航可以进一步提高效率10%~15%。如果使用1.0排量的汽车，比2.0排量的汽车每年减少1吨二氧化碳排放。英国普通家庭通过节能，每年大约可以削减1.5吨的温室气体。

通过改变购买食物习惯和饮食习惯也可有效降低碳排放。联合国粮农组织的一项研究估计，肉类生产排放的温室气体大约占全球排放的18%，比交通排放占比13%高出5个百分点。据研究发现，如果从"普通美国饮食"（从热量看包括27%的肉食）转变为全部素食，将使每人每年减少

1.5 吨二氧化碳排放；如果放弃"一半是牛肉"的饮食习惯，转向全素食，每人每年可减少 3.6 吨二氧化碳排放，大致相当于从一辆 SUV 汽车转向使用混合动力汽车普锐斯的减排量；从"一半是牛肉"的饮食转向"一半是禽肉"的饮食，可减少 2 吨二氧化碳排放。

汽车尾气排放是城市大气污染和二氧化碳排放的重要来源。目前，城市大气污染和雾霾已成为最受各方关注的环境问题。低碳出行是减少汽车尾气排放的重要措施。根据有关社会调研发现，就促进居民更多选择绿色出行方式而言，提高环保意识的作用可能有限，应考虑从提高公交系统便利性入手，并辅以经济手段进行引导。大幅度改善公共交通便利性，将吸引更多开车的群体乘坐公共交通，而且改善地铁的便利性比改善公交车便利性更能吸引开车的人群；降低公交票价的影响较小，且吸引的主要是步行的人群；针对私家车出行的群体来说，采用经济手段对于引导居民减少开车比较有效，尤其是征收拥堵费和收取高额停车费能够控制居民开车进入拥堵地区。

调研发现，通过缩短候车和换乘时间、增加发车频次，对引导居民低碳出行具有良好效果。如果候车时间缩短后，仍然在 10 分钟以上，私家车出行的人不容易转向公共交通出行，但是如果候车时间缩短到 5~10 分钟，大约 27% 的人开始考虑改为公交通勤，如果候车时间缩短到 3~5 分钟，累计有 60% 左右的人愿意选择公交通勤。和缩短公交站点与居住地距离效果类似，减少换乘候车时间，对于原来步行的人影响最小，对乘坐私家车的人影响最大。除此之外，改善地铁的便利性相比改善公交车更能引导采用私家车出行的群体改用公共交通。在调研访谈中还发现，与改善公交系统便利性产生的影响效果相比，降低公交票价对居民出行方式决策的影响较小，对步行群体、乘自行车出行群体和乘私家车群体，降低公交车票价，影响较小，三个群体中始终不选择公共交通的比率维持在 50% 以上，对乘出租车/班车群体影响较大，降低票价后，始终不选择公共交通的比例为 24%。但是如果降低地铁的票价，会吸引更多开车的人转向地铁出行。在进行通勤出行决策时，燃油价格上涨对家庭月收入在 2 万元以下的群体的影响并没有太大差异，25% 左右的人群在油价上涨 5% 时就会考虑减少私家车通勤，约 28% 的人群表示始终不会减少私家车出行。但对于家庭月收入 2 万元以上的高收入群体，有 44% 的表示绝对不会受油价的影响。

针对私家车出行的群体来说，采用经济手段对于引导居民减少开车比较有效。尤其是征收拥堵费和收取高额停车费（8 元/小时以上），能够充分控制居民开车进入拥堵地区。而提高油价对私家车出行的影响程度不太大。这些干预政策对不同出行目的有不同的效果，例如，生活出行与通勤出行相比，燃油价格、拥堵费涨幅小的话对生活出行的影响较小，但如果涨幅较大，受影响的生活出行比例将比通勤出行更高。

除了直接减少自身的碳足迹外，公众还可以用抵消的办法消除自身碳排放，如从自愿减排交易市场购买碳指标，或通过植树造林增加碳汇，都可以消除个人、家庭或团队碳足迹。

6.4.3 参与低碳文化建设

低碳文化建设是低碳社会建设的重要支柱，公众是低碳文化建设的主力军。公众既是低碳文化的建设者，也是低碳文化的接受对象。因此，公众参与低碳文化建设，需要充分发挥公众的积极性，同时，需要政府积极引导，搭建平台。

1. 推动低碳发展成为社会主流价值观

价值观是人们关于什么是价值、怎样评判价值、如何创造价值等问题的根本观点。价值观的内容，一方面，表现为价值取向、价值追求，凝结为一定的价值目标；另一方面，表现为价值尺度和准则，成为人们判断事物有无价值及价值大小、是光荣还是可耻的评价标准。思考价值问题并形成一定的价值观，是人们使自己的认识和实践活动达到自觉的重要标志。作为一种社会意识，价值观集中反映一定社会的经济、政治、文化，代表了人们对生活现实的总体认识、基本理念和理想追求。实际生活中，社会的价值观念系统十分复杂，在经济社会深刻变革、思想观念深刻变化的条件下，往往会呈现出多元化、多样性、多层次的格局。主流价值观则是全社会普遍接受、占主导地位的价值观，是社会文化的重要内容。

低碳发展作为一种新的可持续发展理念，表明人类对人与自然关系的认识发展到了新的阶段，代表了生态文明时代的发展观。推广低碳发展观，不仅是人类社会可持续发展的需要，也是维系人类赖以生存的自然环境的需要。因此，推动低碳发展成为社会主流价值观，对人类社会的生存和发展至关重要，这是公众参与低碳文化建设的首要任务。低碳发展价值观的主流化，需要政府有关部门的大力倡导，要将低碳发展的价值观和有关知识全面纳入国民教育体系，使公众从小就接受低碳发展和环境教育，增强保护生态环境的意识，养成节约资源、保护环境的自觉性和良好的生活习惯；建立全方位的低碳发展知识培训体系，加强对领导干部、国家公职人员、企业管理者、社会公众等低碳发展理念和知识培训，引导全社会做低碳发展和生态文明的践行者和引领者。各层面低碳发展公众参与主体要积极树立低碳发展主流价值观，使低碳发展理念成为全社会的"公序良俗"，营造全社会积极应对气候变化的良好社会氛围和社会风尚。我国传统文化中有强烈的生态文明意识，要将低碳文化建设与弘扬传统文化结合起来，通过大力宣传和弘扬低碳文化，全面提升全社会的低碳发展意识，为政府制定和执行低碳发展政策、企业加快低碳转型，提供良好的文化氛围和舆论环境。

2. 积极生产和消费低碳发展文化成果

文化不仅表现为思想意识，也表现为各种文化成果。文化总是要以一定的形式表现出来，如比较典型的文学艺术方式。低碳发展文化，也需要依托于不同的文化载体来进行传播和传承。公众既是低碳发展文化的生产者也是消费者。从生产的视角看，创造独具特色的低碳发展文化成果，是促进低碳文化传播的有效途径，应鼓励社会各界特别是文化艺术界，积极创作低碳发展主体的文学、书画、摄影、影视、雕塑、园林设计等各种形态的作品，低碳文化的生产与全社会低碳意识的提高是相辅相成的，各类文化艺术创作者首先要提升自身的低碳文化素养，对低碳发展和应对气候变化问题有着充分的认知，从而能够创作出更多有价值、有影响的低碳文化成果。同时，低碳文化不应仅仅是一件件孤立的作品，而是应该将低碳发展的理念融入城乡建设中，在建筑、交通、公共设施、人居环境等各个方面都体现低碳文化，使低碳文化成为体现社会文明的重要内容。从消费的视角看，文化产品生产出来，只有被消费、被欣赏、被市场和社会认可，才能被证明是有效的、有价值的。文化只有进入普通人的日常生活，而不仅仅是被博物馆、展览馆收藏，才能真正影响到社会大众，成为主流文化，因此，应借助各类传播平台和消费渠道，扩大低碳文化产品的影响力和吸引力，要积极培育低碳文化产品的大众消费群体，使社会各界从接受、欣赏到喜闻乐见、主动购买，形成具有规模的低碳文化消费市场。

3. 搭建低碳文化传播平台

传播低碳文化，需要借助一定的平台和渠道。电视、报纸、网络等各种媒体，在开展低碳文化宣传、普及节能减排知识和方法、大力倡导节俭文明的社会风尚等方面肩负着重要的责任，媒体的传播优势，在于及时、迅速、传播面广，要增强传播效果，就需要精心设计传播平台，在加强日常传播的同时，用好全国低碳日、联合国气候大会等重大节点，增强宣传效果，要打造低碳文化传播品牌栏目，树立良好的传播形象，培养栏目的忠实粉丝。教育和科研机构在生产、传播低碳文化方面责无旁贷，其传播重点为低碳发展政策、节能减排新技术产品等，对加强全面低碳教育至关重要，这些机构的传播优势在于拥有诸多的专家学者，传播深度是其他主体所不可比拟的。城乡社区也是传播低碳文化的重要平台和主体，社区与人们的日常生活息息相关，社区传播人们的信任度高、接受度高，应把社区作为传播低碳文化的重要阵地，宣传先进典型，推动低碳教育进社区、家庭，组织编写和印发生活手册，树立全民低碳生活理念，加快建设低碳社区。家庭和个人既是低碳文化传播的接收者，也是重要的传播者和发起者，特别是随着互联网自媒体的兴起，人人都是记录者，人人可以发声，为低碳文化积极分子主动宣传低碳文化提供了便利。

6.5   公众参与低碳发展的社会价值

公众参与不仅是低碳发展的需要，也是社会发展的内在要求。公众参与低碳发展，不仅对低碳发展具有重要意义，也对促进社会发展具有重要意义。

6.5.1   弘扬生态文明理念

生态文明是新的可持续发展观，是在对传统工业文明反思的基础上提出的新的发展理念。法国思想家西蒙娜·薇依早在 20 世纪早期就提出，工业文明对人性的损害最重要的是消除了人的同一性基础上的多样性，造成了人的单调性。由物欲推动的单调性符合工业标准化生产的需要，满足了资本降低成本的利润最大化要求，对生态环境造成了严重损害。唐纳德·海纳曼认为："工业时代前的土著社会的本质是他们的多样性和本土化。每一种都与特定的居民相联系，并且发展出自己的文化和行为模式。多样性的居民产生了同样多样性的人类社会形式，每一种形式都有自己的一套独特的环境约束。与此相反，工业技术发展的特征是一个受控制的、相对统一和高度简约的环境，它通常将物种的种类减少到一些教化的形式。包括人类、偶然定居的植物和动物……高度的环境恶化和广泛分散的均质化是世界上所有政治和经济系统工业化社会的特征。"① 习近平总书记提出：

----

① ［美］保罗·费耶阿本德著，陈健、柯哲、陆明译：《告别理性》，江苏人民出版社 2002 年版，第 2～3 页。

"生态文明建设是关系中华民族永续发展的根本大计""生态兴则文明兴、生态衰则文明衰"。① 生态文明理念要求尊重自然、顺应自然、保护自然。低碳发展是建设生态文明的基本途径之一，也是应对全球气候变化的根本措施。随着气候变化成为人类社会最迫切、最重大的环境问题之一，气候问题引发的全球治理问题将人类社会发展的内在矛盾暴露无遗，牢固树立、弘扬生态文明理念具有重大的历史意义和世界意义。气候变化问题，最直接地反映了人与自然相互依存、相互作用的内在联系，通过参与低碳发展和应对气候变化，全社会都将进一步深刻反思人与自然的关系，在实践中感悟到的气候和生态无可替代的重要价值，提高生态文明意识。

6.5.2　促进社会治理能力提升

所谓社会治理，就是政府、社会组织、企事业单位、社区以及个人等诸行为者，通过平等的合作型伙伴关系，依法对社会事务、社会组织和社会生活进行规范、管理，最终实现公共利益最大化的过程。虽然社会管理包括政府作为主体的管理行为和公民社会组织作为主体的管理行为两个主要方面，但社会管理仍然侧重于政府对社会进行管理，政府是社会管理合法权利的主要来源；而社会治理则强调合法权利来源的多样性，社会组织、企事业单位、社区组织等也同样是合法权利的来源。社会治理的主体是多元的，任何一个单一主体都不能垄断规范和管理的实践过程。低碳发展和气候治理是社会治理的重要组成部分。公众参与低碳发展，既是我国完善社会治理的内在要求，也为提升社会治理能力提供了良好契机和新的平台。

公众参与低碳发展的过程，有助于克服我国传统社会管理模式的弊端，实现社会治理的多元参与。我国传统的社会管理模式，特别强调政府

---

① 中国共产党第十九次全国代表大会。

的主导作用，表现为政府凌驾于社会之上，习惯于包揽一切社会事务，习惯于对社会进行命令和控制，习惯于扮演"全能型选手"，表现为从自身主观意愿出发管控社会，想当然地自上而下为民做主。通过公众参与低碳发展事务，有助于在多元行为主体之间形成密切的、平等的网络关系，它把有效的管理看作是各主体之间的合作过程，原先由国家、政府承担的责任正在越来越多地由各种社会组织、私人部门和公民自愿团体来承担，这将是当代民主的一种新的实现形式，更多强调发挥多主体的作用，更多鼓励参与者自主表达、协商对话，并达成共识，从而形成符合整体利益的公共政策。

6.5.3 提高公众参与能力

从治理的角度看，公众参与水平的高低，既取决于政府的制度设计，也取决于公众参与能力问题。受我国传统文化中官本位等思想的影响，许多普通民众对公共事务参与的积极性还不高，"搭便车"的心理消解了人们参与国家治理的心理动力，现代公民精神的培养任重道远。公众参与低碳发展，是公众自我管理的重要手段，这就要求公众既要有参与意愿，也要有参与能力。公众参与能力，是一个决定社会治理能力能否实现现代化的关键问题，提高公众参与社会治理能力，是我国政治建设和社会发展的一项重要任务。参与能力不仅是一个知识和理念的问题，更是一个实践问题，只有在行动中才能认清问题的实质，辨别前进的方面，提高参与的能力。公众通过参与低碳发展，可以更深入了解国家的大政方针，提高对国家政策制定和实施的认识，提升公众自身参政议政能力，提高其民主法治意识，促进公众自觉履行自己的社会责任和义务，为建设和谐社会打下良好基础。

公众在参与低碳发展过程中，不仅要提出问题、解决问题，也必须不断学习协商合作，不断凝聚和寻找共识，发现利益共同点，建立利益协调机制，并由于共同的理念和利益形成代表不同群体合法的共同利益诉求。

这一过程，既是社会矛盾的解决过程，也是现代社会治理体系的弥足珍贵的发育过程，公众与政府、企业的良性互动，最终可以为构建社会参与型发展机制和利益协调机制奠定基础。

第7章

推动公众参与低碳发展的
政策建议

低碳发展涉及人类生活的方方面面，公众参与低碳发展，是社会发展大势所趋，也是积极应对全球气候变化的必然要求。公众参与能力和水平，既与公众自身的低碳意识和素养有关，也与社会治理体制机制和低碳发展政策体系密切相关。提升公众参与能力，需从经济、政治、文化、社会等多个方面入手，通过政府、企业和公众三者之间的协调互动，共同推动全社会树立低碳意识，强化低碳理念和行动，最终实现低碳发展。

7.1 将公众参与纳入国家低碳发展战略

对我国社会各界来说，低碳发展是一项新的议程，推动公众参与低碳发展，需要政府采取更有效的措施，有序推进。与发达国家相比，我国公众参与低碳发展的能力和水平还存在较大差距，与我国全面建成小康社会和加强生态文明建设的总体形势也不相适应。我国作为一个发展中国家，同时实行集中制的行政管理体制，对现阶段来说，自上而下的推动方式更为有效。鉴于此，实现我国低碳发展战略和各项目标任务，需要进一步认识公众参与低碳发展的重大意义，提升公众参与在应对气候变化和低碳发展总体工作布局中的定位，将公众参与作为实现低碳发展战略的关键保障措施，落实到低碳发展战略目标制定、政策措施落实、低碳文化培育等各方面和全过程。

2018 年 5 月 18 ~ 19 日，在北京召开的中央生态环境保护大会上，习近平发表了重要讲话，提出"实施积极应对气候变化国家战略"，将积极应对气候变化提升到了国家战略的高度。从《中华人民共和国国民经济和社会发展第十二个五年规划纲要》首次将应对气候变化问题正式纳入国家长期规划以来，国务院和有关方面先后制定和印发了《"十二五"控制温室气体排放工作方案》《"十三五"控制温室气体排放工作方案》《国家应对气候变化规划（2014—2020 年)》等文件。2015 年，我国又制定并向《联合国气候变化框架公约》秘书处提交了国家自主贡献文件，提出了到2030 年应对气候变化国家战略路线图。在我国发布的各项应对气候变化战略文件中，公众参与作为推进低碳发展的重要政策措施被纳入，但所提出的方向和措施往往是倡导性的，约束力不够，鉴于此，为进一步提高公众参与低碳发展的能力和水平，在制定我国到 2050 年低排放战略和"十四五"规划等重大战略规划文件时，应进一步提升公众参与的定位，明确公众参与的目标、任务、机制、抓手，形成可操作、可实施的公众参与有效模式，也可在低碳发展战略规划下，专门制订公众参与低碳发展规划或行动计划，对公众参与进行积极引导和鼓励，逐步建立低碳发展公众参与和监督机制。同时，鼓励地方和行业编制本领域公众参与低碳发展的行动计划或方案，推动公众参与在全社会走向深入。

7.2　加快公众参与法制建设

法律规范了公民的权利和义务，为公民行为设立边界，对违法行为进行惩戒，并对公民间关系进行调节。法律通过自身的存在及运作实施，能够影响人们的价值观念和是非选择，从而能够产生广泛的社会影响，督促、引导、教育人们弃恶从善、正当行为，达到指引人们行为的效果。《中华人民共和国宪法》（以下简称《宪法》）和其他重要法律规定了公民参与国家、社会管理事务、对国家机关进行监督的权利。公众参与低碳发展，符合《宪法》和有关法律立法精神，推进低碳发展公众参与，需要以《宪法》和有关法律为基础，加强公众参与法制建设，通过立法确立公众参与低碳发展的地位，明确公众在低碳发展中的权利、责任和义务，以及公众参与低碳发展的范围、形式和程序等问题，将公民参与权具体化和制度化，促进公民形成基本的低碳理念，引导公民养成低碳的生活方式，发挥法律不可替代的思想引领、行为约束、权益保障作用，规范公众参与方式、实现有序参与。同时，在立法基础上，制定各项低碳发展规划和政策，为公众参与低碳发展提供更为清晰的指导。

公众参与低碳发展立法应坚持民主、公开、权利义务对等和可操作的原则。民主原则是指立法应当尊重公众的主体性地位，将公众参与定位为低碳发展的根本推动力，赋予公民及其团体在法律上主体地位，为公众参与与低碳环保事业奠定法律基础。公开原则是指在法律应充分赋予公民及其团体参与制定有关法规政策，提出批评、意见和建议的权利，鼓励公众参与低碳立法，立法机关应向公众公开低碳立法规划、立法计划及法律草案内容，为公众提供参与渠道，并组织公众宣传、讨论立法方向和内容，对公众意见和建议进行反馈。权利义务对等原则是指公民的参与权利以公民履行法定义务为基础，没有无权利的义务，也没有无义务的权利，促使全民自觉形成权利义务意识。可操作原则是指立法内容应具体规定公民参与低碳发展的事项、形式、程序等，保障对实体权利进行落实。

目前，我国还没有出台专门针对公众参与低碳发展的法律法规，现行的环境法规中涉及公众参与环境保护有关制度在具体实施过程中可操作性有待提高，对公众参与的具体方式、参与机制、参与效力等保障手段规定不太具体，影响到公众参与的积极性和公众参与的实际效果。公众参与低碳发展法制建设，是落实公众环境权益和经济社会权益的重要体现。应借鉴环境保护领域公众参与立法的经验教训，通过修订现有环保法律、法规，将公众参与低碳发展纳入有关环保法律制度中。在立法指导思想上，应以维护公众的环境权为主要目标，给予公众知情权、参与权和监督权，并设计制定相应的保障制度。

第一，明确公众参与低碳发展的权利义务。将践行低碳理念、参与低碳发展作为公民的义务予以规定，借助法律的强制手段提升公众认识和全社会对低碳发展的认可，推动形成"高碳违法"的社会主流意识。与低碳义务相对应，赋予公民对低碳发展和应对气候变化充分的知情权、参与权、诉讼权、赔偿权、检举权、控告权、批评权、建议权、受教育权和结社权等，给予公民表达利益诉求、获取低碳信息及教育的途径，促使政府决策和气候治理活动由封闭走向开放，形成对公共权力的有效制约，提高政府决策的科学性和正当性。公民可以通过合法的渠道获得政府低碳发展规划计划，参与低碳发展相关决策和法律的制定、执行和反馈过程，全程实施监督。公民个人、社会团体等还可以通过公民代表依法享有提出批评、意见和建议的权利，政府必须对其进行及时合理的回应。

第二，建立健全政府低碳发展和应对气候变化信息公开制度。知情是参与的基础。政府是社会信息的最大拥有者。近年来，通过《政府信息公开条例》等规范，政府信息公开工作取得了积极进展，但一些地方政府不予公开、延迟公开、选择性公开的案例仍然很多。健全政府低碳发展信息公开制度，可以使公众通过政府发布会、媒体、网络等多种渠道了解和获取低碳相关信息，包括低碳行动计划、碳排放标准、低碳工作报告等，既帮助公众形成低碳行为参照，指引公众学习低碳榜样，又可以督促政府行使管理职能、企业履行减排义务。政府及相关部门可以定期或不定期举行听证会、审议会等，并设立24小时举报电话、举报信箱，建立信访接待，设立和维护网络论坛等。

第三，建立环境公益诉讼制度。新的环境保护法已赋予了具备条件的社会组织开展环境法律诉讼的权利，应借鉴国际经验，赋予公民及其团体对阻碍低碳发展、侵害公民参与权等行为提起诉讼的权利；放宽对诉讼主体资格的限制，创新原告认定程序和手段，将环保诉讼主体资格扩大到公民个人或团体、企事业单位甚至非直接利害关系人，授予非直接利害关系人第三人诉讼身份，允许其介入以国家机关为原告、企业或私人为被告的诉讼进程。同时，扩大被告的范围，将特定行政行为纳入可诉领域。诉讼主体在被告未履行相应的义务和法律责任，导致碳排放超出法律规定，对公共利益造成直接与间接的侵害或有侵害之虞时，法律应允许无直接利害关系人为维护环境公共利益而向法院对行为人提起民事或行政诉讼。

第四，建立健全司法救济制度，打造公民参与低碳发展权利的屏障。如果公民的环境权、低碳参与权受到损害，在向执法部门反映低碳环保违法情况后，执法部门不作为，公众有权利以个人或集体名义起诉侵权主体，或直接起诉执法部门，寻求补救和赔偿。司法部门应对这种公众诉求提供司法救济，还应允许有直接利害关系的环保组织为公众代言，向侵权主体索要赔偿。

7.3　加强公众参与基础设施建设

公众参与低碳发展，包括参与气候治理、参与低碳经济发展和低碳文化建设，除了应有相关制度保障外，也要有相应的硬件和基础设施。根据保定市问卷调查，基础设施等方面制约是公众不能积极主动践行低碳生活的最主要原因，占到了被访问者的 46.8%。有的受访者特别指出，希望为环保做贡献，但苦于没有基础设施支持（比如废旧电子用品回收和垃圾分类）。因此，低碳基础设施不仅为公众参与低碳发展、履行权利和义务提供保障，也是实现低碳发展的基本需要。

一是建立公众参与信息化平台。信息化、网络化是现代社会的标志，也为社会治理提供了新的更有效的手段。信息化对公众参与低碳发展来说，也提供了重要的机遇和平台。在政府电子政务建设过程中，要将畅通公众参与渠道作为重要的目标，打造公众参与低碳发展及其他经济社会发展事务的便捷、高效平台。这些平台应包括：政府低碳发展信息发布平台，低碳发展公众建言献策平台，低碳发展和应对气候变化重要法规、政策、项目公开征求社会意见及公示平台，对违规违法行为公众网上举报和舆论监督平台等。

二是打造城市低碳交通系统。交通出行是公众日常基本需求。随着城市化进程不断加快，交通领域已成为碳排放的主要来源，并仍将持续增长。因此，交通运输行业是国家低碳发展的重点领域，特别是对于城市来说，发展低碳交通运输体系，不仅是低碳发展的重要举措，也是高效满足公众出行需求、解决拥堵城市病的必然选择。控制交通领域碳排放，重点不是要求公众减少出行、降低公众的生活质量，而是要以更高效、便捷的方式，满足公众出行需求。因此，打造城市低碳交通系统，首先要树立公共交通优先的低碳交通理念，围绕打造便捷、快速的公共交通网络，完善城市规划，调整城市道路布局和建设运营标准。要完善地铁、公交、自行车等低碳交通工具无缝衔接、高效换乘的公共交通网络，广泛建立城市公交专用道，优先保障公交车通行权，优化交通信号灯设置，运用大数据和智慧交通管理系统，保障公交运力和畅通性，优化城市公交运营线路，使公交出行成为城市交通中最便捷、最高效、最经济的出行方式。要破除宽马路、大街区的城市建设模式，增加城市路网密度，缩小街区规模，建设公共自行车租赁设施和城市道路慢行系统，最大限度便利公众采用自行车和步行方式出行。加快建设电动车充电设施网络，发展电动车租赁业务。改革停车场建设运营模式，尽量缩小并严格限制道路两侧停车，在部分易拥堵区域实施无停车位限制业主购车的政策，在具备条件地区鼓励社会资本投资建设经营性停车楼。

三是完善低碳社区生活设施。社区是公众生活的主要基地，也是公众生活碳排放的主要场所。推动公众践行低碳生活方式，需要建立相应的社区低碳生活设施。加快建设节能低碳建筑，降低建筑能耗和碳排放，在社区建设可再生能源照明系统，优化社区能源供应系统。建设社区化的垃圾分类、资源化和处理设施，提高可再生资源回收利用率和社区化处理率。鼓励有条件的地方，建设社区污水分类处理设施，实现污水社区处理、中水社区回用。优化社区停车设施，建设社区电动车、公共自行车租赁设施和社区拼车信息化平台。完善社区低碳生活商业服务设施，配建社区公共食堂等。

四是建立低碳文化、宣传、教育基础设施。加强低碳文化基础设施建设，鼓励建设低碳科技馆、展览馆，在博物馆、文化馆、艺术馆等场所增加低碳文化展示展览。在城市建设融入各种低碳文化元素，将低碳文化展示宣传作为城乡文化建设的重要内容，建立宣传展示设施。建设低碳发展和气候变化科学研究、教育培训基地。

7.4　加强宣传教育和舆论监督

低碳发展是人人参与的经济社会发展模式。低碳发展各个层面的活动都属于人的行为，必然受到人的价值观、思想意识、行为习惯、习俗、教育等文化因素的影响。因此，低碳发展不仅需要技术、资金和制度保障，更需要培育低碳社会文化和低碳道德，以及舆论监督。

第一，加强低碳理念宣传和低碳文化引导。构建低碳文化是促进公众参与低碳发展的重点任务。要发挥报纸、杂志、广播、电视等传统媒体以及互联网、移动网络等新媒体的宣传作用，积极开展形式丰富、寓教于乐的公益宣传活动，通过媒体宣传、舆论引导、科普教育、专业培训、公益活动、榜样示范等多种途径，加快培养公众的低碳意识、知识以及各种技能，普及低碳发展科学知识，引导公众树立低碳意识，坚持理性的消费行为方式，提高公众的认知和参与能力，提升其参与积极性，建立低碳道德准则，培育低碳文化，形成低碳发展共识，用低碳价值观念引领个人生活、生产等诸多层面，让更多个体和组织由低碳宣传对象变为主体，凝聚公众力量，发挥文化导向功能、约束功能和带动作用，最终引导全社会形成低碳理念、道德文化及价值观念，实现人人践行低碳发展、人人参与低碳宣传的公众参与目标。

第二，充分发挥各类宣传媒介作用。善于利用多元化的媒体平台。传统媒体整体上具有受众群体广、信息量大、准入机制严格等特点，可利用上述特点，开设低碳发展专栏和专题，解读政策，宣传典型，普及常识，使公众对低碳发展产生具象理解，并通过开展公益竞赛活动，鼓励更多公众由传播受体转变为传播者，更深入参与其中。新兴媒体近年来飞速发展，具有超时空性、超媒体性、交互性强等特点，要利用低碳发展相关网站、论坛，建立有效的意见建议板块，定期收集公众意见建议，并面向全社会反馈。近年来，微博、微信的兴起使网络媒体向"自媒体"时代迈出了重要步伐，一则消息在微博上曝光后，很短时间内就可能被数以万计的网友评论和转发。公众不仅可以"看""听"，还可以提出自己的意见和建议。应利用微博、微信公众号等平台，开展低碳信息发布和宣传引导，及时与公众互动，凝聚社会共识。

第三，充分发挥公众舆论监督作用。社会监督是低碳发展的重要推动力。从国际经验看，各国在解决环境问题的过程中，发挥公众的监督作用，是成本最低、也最高效的手段。因此，应充分发挥社会公众、媒体、非政府组织的舆论监督作用，既要加强对公众行为的监督，也要加强对企业行为和政府行为的监督，特别是要为公众监督企业行为提供良好的平台和顺畅渠道，帮助政府实现低碳经济发展目标，同时对政府有关部门不作为进行有效监督。

第四，加强低碳教育。教育是提升国民素质、培养国民意识的主要途径。要充分发挥学校在低碳发展教育和国民低碳意识培养中的基础性作用。特别是要加强针对青少年的低碳教育，校园生活中的点滴会对青少年产生潜移默化的影响，要针对年轻人思想可塑性强、生活方式尚未定型，加强低碳宣传教育，为全社会培育低碳文化奠定坚实基础。将低碳教育纳入国家义务教育体系，开展环境和低碳发展教育课程、讲座等方式，从中小学生抓起，让青少年系统地树立低碳生活和低碳发展理念。编写适合不同教育阶段的教材，将低碳发展养成教育贯穿到学前、小学、初高中、职业教育、高等教育和继续教育全过程，形成覆盖儿童、青少年和成人的应对气候变化、低碳发展教育体系。在校园内广泛开展低碳公益活动，针对青少年群体热爱时尚的特点，树立低碳公益风尚，鼓励学生参与低碳公益活动。如世界自然基金会倡议的"地球一小时"活动，在学生中很受欢迎，甚至一度成为一种时尚。年轻人不缺乏参与低碳公益活动的热情，而是要创造出更多吸引他们关注的平台。应更多地利用"全国低碳日"、联合国气候大会等时间节点，开展能够吸引年轻人的低碳公益活动，如低碳音乐会、低碳艺术展、低碳摄影大赛、低碳公益广告原创大赛等。推广节约资源、节能减碳的生活方式，并践行低碳生活成绩突出的学生进行奖励。

7.5　形成低碳发展全社会协同治理格局

低碳发展需要多元主体，政府、企业、社会公众在其中扮演者不同的角色，发挥着不同的作用。发挥好低碳发展多样主体各自的角色作用，需要构建良好的气候治理体系，形成全社会协同治理的格局，实现不同社会力量之间的相互协调和良性互动。

一要发挥好政府在低碳发展和气候治理中的主导作用。低碳经济的发展过程是一个以政府为主导，公众等多元主体共同参与并积极进行互动的一个过程。政府在制定和落实战略目标、提供政策支持方面的作用是无法替代的。构建良好的低碳发展协同治理格局，从政府看，就是要针对我国经济社会发展的内在要求，基于全球应对气候变化的需要和我国的国际责任，落实我国应对气候变化国家自主贡献目标，健全我国低碳发展法律法规和政策体系，推动向低碳经济和低碳社会转型。主体之间积极有效的互动是社会公众参与低碳发展的基础。要建立政府—公众参与互动机制，强化政府与公众的交流。

二要发挥企业在低碳发展和气候治理中的主体作用。企业是碳排放的主要来源，也是建设低碳经济的主力。我国工业化和现代化尚未完成，未来一个时期，产业领域排放还将继续增长，据预测，工业碳排放将在2025年前达到峰值，建筑和交通领域排放增长可能持续到2050年。实现国家低碳发展目标，重点是控制企业碳排放增长，必须通过调整产业政策、投资政策、财税政策，推动形成低碳排放为特征的产业体系。优化产业结构和能源结构，增加服务业比重，加强低碳工业、低碳农业和低碳服务业建设，控制能源消费总量特别是化石能源消费，大力发展可再生能源，加强低碳技术研发应用，发展低碳交通、低碳建筑，增加森林碳汇。增强企业的社会责任，鼓励企业加快低碳转型。

三要发挥好社会公众在低碳发展和气候治理中的关键作用。在低碳发展中，公众虽然不是碳排放的最主要源头，也不是政策制定的主要责任方，但却是实现低碳发展的关键因素。世界各国的经验表明，公众意识提高和积极参与，是解决环境问题的关键。由于环境问题发生的地域性特征，且关系到公众的切身利益，公众对其感受最为强烈，因此，公众行动是推动社会舆论形成和政府政策转变的最主要推动力。我国低碳发展和其他环境问题的解决，也必须是在公众的广泛参与下，才能实现。

四要在低碳发展政策制定过程中积极引入公众参与，完善决策机制，加强低碳发展管理体制机制建设，建立部门之间的协作和信息通报机制，积极推动低碳发展的国际合作与交流，大力开展与各国政府、企业、非政府组织等的交流合作，加强与国际机构的交流合作，学习借鉴国外制度、经验、模式，利用国际资源、进资金、技术，全面提升我国低碳发展公众参与的能力和水平。

五要发挥好民间组织的作用。加大对低碳发展领域学会、协会及其他民间组织的培育和扶持力度，搭建政府与公众的沟通渠道，动员社会各方力量更好地参与低碳发展。民间组织作为与社会公众联系的纽带，具有独特的优势。要改革现行民间组织管理体制，完善筛选审查标准，保障环境类民间组织依法申请登记和有序发展的合法权益。加快官办社团组织去行政化的步伐，积极推动政社分开，建设权责明确、依法自治的现代社会团体。加强对民间组织发展的指导，建立民间组织人才培育机制，为民间组织提供办公场地等。引入竞争机制，允许不同背景的民间组织在法律允许的范围内公平竞争获取政府资源，提高绩效。

六要培育和规范市场中介组织。随着低碳发展工作不断走向深入，各种各样的碳市场中介机构应运而生。通过市场化力量推动低碳发展，有助于创造可持续的低碳发展模式。鼓励低碳资质管理和培训机构、金融、检测、评级、核查、教育、咨询、技术成果转化等专业服务机构发展，明确行业规范和准入门槛，对服务范围和服务标准进行明确规定，鼓励建立行业联盟、协会等行业自律组织，加强自我管理和约束。加强从业人员管理，规范中介服务市场秩序。

七要加强人才队伍建设。建立低碳发展专家人才数据库。建立和完善应对气候变化人才培养激励机制。鼓励我国科学家和研究人员参与国际研究计划。加强统计核算、新闻宣传、战略与政策专家队伍建设。编制低碳人才体系建设方案，建立规范化、制度化的低碳人才培养、技能认定机制。加强从业人员管理和培训，建立低碳发展领域职业资质管理体系。通过颁发执业资格证书规范从业行为，提升从业人员业务水平。

7.6　健全公众参与激励机制

气候变化问题具有明显的"外部性"特征。在公众参与低碳发展过程中，由于"外部性"的存在，如何有效保障低碳行为者和参与者的利益，处罚高碳或损害他人利益的行为，是一个重要的课题。从各国低碳发展经验看，建立经济激励机制是一种合理有效的解决手段。利益激励是公众参与低碳发展最为直接的驱动力。在市场经济条件下，经济手段通常是最有效、用途较广的激励方式。利益激励意在以经济手段平衡公众参与低碳发展的额外损失，从而帮助公众建立低碳行为和经济利益的平衡。经济利益能够使社会主体以其认为对自身最为有利的方式做出反应。通过市场化的激励机制，激发公众自觉自愿参与低碳发展的积极性，培养公众践行和参与低碳发展的主人翁意识，是公众参与低碳发展战略中的重要一环。要注重将物质激励和精神激励相结合，针对不同行为主体提出有针对性的激励机制。既要以正向的经济激励奖励和补偿低碳发展行为，也要运用负向激励机制，处罚和制裁高碳行为，实现资源的有效配置和全社会的低碳发展。通过经济手段激励公众参与低碳发展，应兼顾效率与公平，既要避免"市场失灵"，也要避免"政府失灵"。同时，要针对我国低碳发展的实际，合理选择激励途径。政府可通过多种方式对公众行为进行资金支持，既可以是直接的财政补贴、税收优惠，也可以是服务外包、政府购买服务等方式，还可以考虑多种政策工具组合。

一是加大财政政策支持力度。财政补贴是促进低碳发展的重要经济手段。通过对企业投资、生产进行财政补贴，鼓励企业低碳发展。加大对节能低碳相关投资补贴力度，特别是对清洁低碳能源技术研发进行财政补贴，降低投资者资金压力，缩短技术研发周期，加快投产速度。制定低碳产品和技术目录，制定相应的补贴标准，降低低碳产品价格，增强竞争力，提高公众对低碳产品的购买意愿，扩大低碳产品消费市场。

二是完善低碳发展税（费）收政策。利用税收政策对低碳行为进行激励也是常用的手段。税收政策既可以对符合低碳发展的行为进行正向激励，也可以对不符合低碳发展的行为进行负向激励。研究征收碳排放税，利用碳排放税的惩罚功能，可以促进企业选择低碳生产方式，公众选择低碳生活方式。关于碳税征收方式，可以考虑以煤、石油、天然气等化石燃料按含碳量测算排放量作为计税依据。在税率问题上，为了避免对经济造成较大冲击，同时减少对碳税征收的阻力，可以采用循序渐进的方式，在征收初期实行低税率，随着碳税制度的不断成熟和完善再逐步提高税率。针对特大城市实际，可以考虑利用拥堵费、停车费等市场机制疏导公众出行，实行阶梯电价来改变消费者用电倾向。对符合低碳发展的行为进行税收减免，鼓励公众有利于低碳环保的行为，对使用低碳技术或节能减排成效显著的企业进行税费减免，有利于鼓励低碳投资和消费行为。

三是增加政府购买。增加政府对低碳基础设施建设投入和科技研发投资，加大政府购买低碳服务力度，设立低碳发展专项资金，明确财政资金投入方向，支持民间组织发展、能力建设、人才培养等。加大对低碳发展宣传教育资金投入，加强低碳发展科普、教育培训，加强公众参与低碳发展平台建设。加大对低碳发展公众团体的支持，建设社会组织发展服务平台。设立面向社会组织招标的政府购买服务项目。通过服务外包，引入市场机制提高低碳发展公共服务水平，同时为民间组织发展提供必要的资金支持，提高其业务能力。

　　此外，经济手段相对于其他行政手段、宣传手段来说，可能会对促进居民公众参与低碳发展的程度具有更大的作用。由不同居民应对石油价格变动、电价和节能产品价格变动的行为改变倾向显著。采用经济措施能更快地减少居民生活碳排放，促进低碳发展。居民购买节能产品的倾向与本身的收入、家庭人口等有着明显的相关关系，经济手段对于收入为中等的居民影响最大。

附录

保定市公众低碳认知与行动情况调查问卷

尊敬的先生/女士：您好！

我们是"保定市低碳发展公众参与研究"课题组，正在就保定市如何推进低碳发展的问题开展调研，希望了解您的相关意见。本问卷为匿名填写，我们承诺对您填写的信息保密。

"保定市低碳发展公众参与研究"课题组

2014 年 10 月 20 日

基本信息

1. 您的性别：□男　□女

2. 您的年龄：□18 岁以下　□18～30 岁　□31～50 岁　□51～59 岁 □60 岁及以上

3. 您的学历是：□高中或高中以下　□中专　□大专　□大学本科 □研究生及以上

4. 您的工作单位属于：□政府机关　□事业单位　□国有企业　□私营企业　□外资企业　□人民团体　□非营利组织（NGO 等）□自由职业者　□已退休

5. 您的月收入大致为：□1000 元以下　□1000～5000 元　□5001～10000 元　□10000 元以上

6. 您经常居住的区域是：□保定市主城区　□郊县

第一部分：气候变化和低碳认知

1. 您认为"低碳"一词的含义是什么？（　　）

（1）低二氧化碳排放 （2）低一氧化碳排放 （3）低污染物排放

（4）低有机碳排放 （5）不清楚

2. 下面哪一项不是全球气候变化带来的影响？（ ）

（1）冰川融化，海平面上升 （2）动植物分布改变

（3）极端气候事件增多 （4）地球磁场翻转

3. 对人类活动是导致当前全球气候变暖的主要原因的说法，您的观点是什么？（ ）

（1）认同 （2）很有可能 （3）不确定 （4）不认同

4. 您认为保定市大气污染治理的迫切程度是什么？（ ）

（1）非常迫切 （2）比较迫切 （3）不太迫切 （4）不需要治理

（5）说不清楚

5. 您认为保定市当前雾霾问题产生的主要原因是什么？（ ）

（1）自然现象 （2）污染排放大，超出环境容量 （3）外地污染输入 （4）说不清楚

6. 2008 年保定市政府发布《关于建设低碳城市的意见》，正式启动的建设是什么？（ ）

（1）低碳保定 （2）生态保定 （3）绿色保定 （4）幸福保定

（5）不太了解

7. 2010 年，保定市被国家发改委选定为第一批国家（ ）试点。

（1）低碳城市 （2）生态城市 （3）绿色城市 （4）幸福城市

（5）不太了解

8. 将"低碳保定"作为保定市的城市名片，您认为目前是否名副其实？（ ）

（1）非常适合 （2）比较适合 （3）不确定 （4）不太适合

（5）不合适

9. 目前，您获取有关低碳、环保等方面知识的主要渠道是什么？（限选 3 项）（ ）

（1）电视 （2）广播 （3）报纸 （4）互联网 （5）微信等移

动终端　（6）杂志　（7）小区宣传栏　（8）学校教育培训　（9）社会组织现场宣传　（10）政府部门现场宣传　（11）其他_____

10. 您认为政府重点应从哪方面入手提升公众参与低碳发展的意识？（可多选）（　）

　　（1）发布媒体广告　（2）开展现场宣传活动　（3）组织专家讲座

　　（4）开展学校培训教育　（5）其他_____

第二部分：参与低碳发展的意愿

1. 您认为低碳生活对低碳发展的重要性是什么？（　）

（1）非常重要　（2）比较重要　（3）不确定　（4）不重要

2. 您在日常生活中是否考虑过碳排放问题？（　）

（1）很注重节能低碳　（2）考虑过，但现阶段还很难做到低碳生活

（3）没有考虑过，想了解　（4）没有考虑过，不必要

3. 当您了解低碳理念后，是否会积极参与低碳发展？（　）

（1）积极参加　（2）偶尔参加　（3）可能参加　（4）不参加

4. 您认为公众实践低碳生活，面临的最大困难是什么？（限选1项）（　）

　　（1）成本太高　（2）不了解低碳知识　（3）基础设施等方面制约

　　（4）政府没有要求

5. 您在日常生活中的消费习惯是什么？（　）

　　（1）勤俭节约　（2）经常在饭店吃饭　（3）偶尔购买奢侈品

　　（4）开大排量汽车　（5）经常购买奢侈品

6. 您购物时是否关注产品的节能环保标识？（　）

　　（1）非常关注　（2）比较关注　（3）无所谓　（4）不关注

7. 使用清洁能源，将导致用电、取暖价格一定程度上涨，您能否接受？（　）

　　（1）完全不能接受　（2）根据涨幅考虑接受与否　（3）理解并能接受　（4）无所谓

8. 您认为如何能促进公众更好地参与低碳发展？（限选 3 项）（　　）

（1）建立经济激励机制　　（2）设置针对企业的公众监督和反馈机制

（3）制定节能低碳产品补贴政策　　（4）通过企业带动公众参与

（5）在中小学进行定期低碳教育　　（6）通过各类媒体进行低碳宣传

（7）开展低碳讲座活动　　　　　　（8）开展低碳社区建设

（9）制定政策时广泛听取公众意见　　（10）其他_____

9.（如果您是政府人员，请回答此题）

您认在政府在节能减碳工作中请公众参与是否有必要？（　　）

（1）十分必要　　（2）有一定必要性　　（3）不确定　　（4）不必要

（如果您是企业人员或公众，请回答此题）

如果政府部门向您就节能减碳工作征求意见，您愿意参与吗？（　　）

（1）不愿意　　（2）不太愿意　　（3）不确定　　（4）如果有时间会参

与　　（5）积极参与

10.（如果您是政府人员，请回答此题）

您认为目前保定市公众参与低碳发展工作的水平如何？（　　）

（1）参与水平高　　（2）参与水平一般　　（3）不清楚　　（4）参与水平低

（如果您是企业人员，请回答此题）

您对政府目前开展的节能减碳工作态度是什么？（　　）

（1）积极支持　　（2）比较支持　　（3）无所谓　　（4）不太支持

（5）不支持

（如果您是公众，请回答此题）

您是否就节能减碳等问题向政府部门建言献策？（　　）

（1）曾经做过　　（2）暂时没有，但希望去做　　（3）没有，以后可

能会做　　（4）没有，以后也不会做

11. 您最关注的保定市低碳发展相关工作是什么？（限选 3 项）（　　）

（1）暴雨洪涝等极端天气的应对工作　　（2）大气污染、雾霾治理工作

（3）汽车尾气治理工作　　（4）生活垃圾减量、分类回收工作　　（5）旅

游经济发展　　（6）企业节能减排　　（7）居民生活污水处理　　（8）城市

植树造林、园林绿化工作　（9）公共交通出行　（10）清洁能源汽车推广　（11）低碳知识和低碳信息宣传教育　（12）居民低碳生活倡导（13）推进低碳办公

12. 您最愿意参加以下哪些低碳行动？（限选 3 项）（　）

（1）社区垃圾减量和分类回收　（2）尽量选择自行车、公交、拼车等低碳交通方式出行　（3）勤于关闭不必要的灯和电器，节约用电　（4）节约用水，重复利用　（5）参加义务植树、绿化养护的志愿活动　（6）拒绝或减少塑料袋的使用　（7）巧用废旧物品、重复利用　（8）减少一次性筷子等物品的使用　（9）谨慎购物、不浪费　（10）支持无纸化办公_____

第三部分：推进低碳发展工作

1. 您认为推进低碳发展（　）应发挥主导作用。

（1）政府　（2）企业　（3）公众　（4）说不清楚

2. 您对国家推动低碳发展的看法是什么？（　）

（1）积极支持　（2）比较支持　（3）无所谓　（4）不支持，不符合国情

3. 您认为保定市促进低碳发展的政策力度如何？（　）

（1）很大　（2）比较大　（3）一般　（4）不够　（5）不清楚

4. 您保定市低碳发展过程中公众参与的效果如何？（　）

（1）效果明显　（2）效果一般　（3）效果较差　（4）不清楚

5. 您觉得保定市政府为了节能减碳、保护环境而制定的相关政策效果如何？（　）

（1）效果不大　（2）不确定　（3）有一定效果　（4）很有成效

6. 保定市以下工作中，您认为目前最令人满意的是什么？（限选 1 项）（　）

（1）暴雨洪涝等极端天气的应对工作　（2）大气污染、雾霾治理工作　（3）汽车尾气治理工作（4）生活垃圾减量、分类回收工作　（5）旅

游经济发展　（6）企业节能减排　（7）居民生活污水处理　（8）城市植树造林、园林绿化工作　（9）公共交通出行　（10）清洁能源汽车推广工作　（11）低碳知识和低碳信息宣传教育工作　（12）居民低碳生活倡导　（13）推进低碳办公_____

第四部分：参与低碳发展的行动

1. 您每年衣服购买数量是多少件？（　）

（1）5 件以下　（2）5～10 件　（3）10～15 件　（4）15 件以上

2. 您主要的进餐地点是哪里？（　）

（1）家里　（2）单位食堂　（3）餐馆　（4）说不清楚

3. 您家里使用节能电器吗？（　）

（1）电器以节能电器为主　（2）有节能电器　（3）不关心是否是节能电器　（4）不使用

4. 您家里每月人均用电量大约是多少度？（　）

（1）小于 15 度　（2）15～25 度　（3）25～35 度　（4）35 度以上

5. 您上下班的主要方式是：□步行　□骑自行车　□骑电动自行车　□坐公交或单位班车　□开车或打车　□其他_____

6. 您外出旅行的主要方式是：□火车　□飞机　□长途汽车　□私家车　□其他_____

7. 您用完电器是否关掉开关或者拔掉插头？（　）

（1）及时关掉或者拔掉　（2）不一定，有时候关掉或拔掉　（3）从不关掉或拔掉

8. 您生活垃圾的主要处理方式是什么？（　）

（1）尽量回收利用　（2）对垃圾进行分类　（3）混合丢弃

9. 您通常如何处理废旧电子用品？（　）

（1）直接丢弃　（2）出售给回收人员　（3）赠送或捐赠

10. 您购物时是否经常自带购物袋？（　）

（1）总是　（2）有时候　（3）从不

11. 您一次性用品（筷子和纸杯）等的使用情况如何？

（1）经常 　（2）有时候 　（3）从不

关于本次问卷调查，您还有其他想说的吗？ _____

_____

问卷调查到此结束，谢谢您的支持配合！

参 考 文 献

［1］厉以宁：《工业化和制度调整》，商务印书馆 2010 年版。

［2］［英］安东尼·吉登斯：《气候变化的政治》，社会科学文献出版社 2009 年版。

［3］［英］尼古拉斯·斯特恩：《地球安全愿景》，社会科学文献出版社 2009 年版。

［4］［美］埃里克·波斯纳等：《气候变化的正义》，社会科学文献出版社 2011 年版。

［5］潘家华等：《低碳城市：经济学方法、应用与案例研究》，2012 年版。

［6］梁琦等：《低碳发展理论与实践：以广东省为例》，科学出版社 2015 年版。

［7］周宏春：《低碳经济学》，机械工业出版社 2012 年版。

［8］胡炜：《法哲学视角下的碳排放交易制度》，人民出版社 2013 年版。

［9］于清、王洪：《探讨公众参与在低碳经济发展中的应用》，载于《中国环境科学学会学术论文集（2010）》，中国环境科学出版社 2010 年版。

［10］王建明：《公众低碳消费行为影响机制和干预路径整合模型》，中国社会科学出版社 2012 年版。

［11］邹骥等：《论全球气候治理》，中国计划出版社 2015 年版。

［12］田成川等：《道生太极：中美气候变化战略比较》，人民出版社 2017 年版。

［13］黄杰华：《我国低碳经济发展中的公众参与研究》，载于《江西社会科学》2014 年第 12 期。

［14］王中：《论低碳生态型城市建设中的公众参与》，苏州大学硕士学位论文，2013 年。

［15］李贵波：《低碳经济参与式治理初探——以工业余热资源社会化开发为例》，北京大学硕士学位论文，2010 年。

［16］田甜：《论政府主导多元主体参与我国低碳城市建设》，内蒙古大学硕士学位论文，2012 年。

［17］付蓉：《低碳城市建设中的公众参与研究》，华中科技大学硕士学位论文，2009 年。

［18］李国平等：《中国低碳发展公众参与的五大战略》，载于《中州学刊》2014 年 12 月。

［19］仇泸毅等：《低碳发展公众参与现状调查分析——以居民能源消费为例》，载于《科技促进发展》2014 年第 12 期。

［20］李玉洁：《我国城市公众低碳意识和行动分析——基于全国 2000 个样本数据》，载于《调研世界》2015 年第 3 期。

［21］龚洋冉、仇泸毅、刘丽：《中国低碳发展公众参与的现状研究（一）——低碳概念族的演变和创新》，载于《中国农业大学学报（社会科学版）》2014 年 1 月。

［22］仇泸毅等：《我国低碳发展公众参与的现状研究（二）——公众参与类型调研分析》，载于《中国农业大学学报（社会科学版）》2014 年 9 月。

［23］魏博洋等：《保定市发展低碳经济的思路》，载于《合作经济与科技》2013 年 1 月。

［24］李纪伟等：《低碳社会环境下的保定市城市建设策略研究》，载于《安徽建筑》2014 年第 2 期。

［25］马燕合、黄晶：《加快节能减排技术研发迎接低碳经济到来》，载于《中国科技产业》2008 年第 3 期。

［26］徐国伟、卢东：《低碳经济下消费者参与环保公益活动的动机及影响机制研究》，载于《经济问题探讨》2010 年第 8 期。

［27］辛章平、张银太：《低碳经济与低碳城市》，载于《城市发展研究》2008 年第 4 期。

［28］卢祥等：《论发展低碳经济中的利益集团与制度安排》，载于《经济与管理评论》2013 年第 2 期。

［29］漆雁斌、江玲：《我国农业低碳发展参与主体的博弈行为与困境化解》，载于《农村经济》2013 年第 10 期。

［30］朱兵强：《公众参与国家治理的实效性》，载于《电子政务》2015 年第 9 期。

［31］Yael Parag, Sarah Darby, Consumer － supplier － government Triangular Relations：Rethinking the UK Policy for Carbon Emissions Reduction from the UK Residential Sector, Energy Policy, 2009, 37（10）, pp. 3984 － 3992.

［32］Olivier Rousse, Environmental and Economic Benefits Resulting from Citizens'Participation in CO_2 Emissions Trading：An Efficient Alternative Solution to the Voluntary Compensation of CO_2 Emissions, Energy Policy, 2008, 36（1）, pp. 388 － 397.

［33］Lucie Middlemiss, Bradley D. Parrish, Building Capacity for Low － carbon Communities：The Role of Grassroots Initiatives, Energy Policy, 2010, 38（12）, pp. 7559 － 7566.

［34］Bernd Kasemir, Urs Dahinden, Citizens' Perspectives on Climate Change and Energy Use, Global Environmental Change, 2000, 10（3）, pp. 169 － 184.

后　记

　　自 2010 年从事应对气候变化工作以来，我切身感受到，短短几年时间，气候变化、低碳发展在中国已由一个大多数人陌生的话题迅速成为一个经济社会发展的热门话题，越来越多的科研人员、企业家、政府官员以及社会公众开始关注并积极参与到这一世界性课题中来。我为能见证这一进程并做出了自己的努力而感到荣幸。

　　解决中国的环境问题和低碳发展问题，需要有更多的公众参与。而对我国这样一个公众参与传统有所欠缺的发展中国家来说，有效推动公众积极参与低碳发展进程，尤其需要从理论和实践上做出更多的创新和探索。我为自己有机会参与到这一探索中来而感到荣幸。

　　尤其感到荣幸并要特别感恩的是，2011～2016 年，我能够在北京大学光华管理学院，师从我国经济学大师厉以宁先生从事低碳发展与公众参与方面的博士后研究工作！先生在我进站伊始，就要求用调查研究的方法开展这一研究工作，更在论文写作过程中，不断给予悉心指导和教诲，这不但奠定了本书研究的学术路线图，也是我在繁忙的工作之余能够完成这一艰苦研究任务的绵绵动力。4 年时间，我更大的收获是，先生深厚的学术造诣、谦逊的处世风格和俭朴的生活作风，无不深深打动着我，并如春风化雨般浸入我的心灵深处，化为漫漫人生中毅然前行的精神力量。

　　同时，也要感谢北京大学杨开忠教授和光华管理学院的各位老师，在我博士后研究工作期间给予的大力支持和指导，感谢傅帅雄师弟在各方面给予的诸多帮助！感谢我的家人的陪伴和支持，才使我有可能完成这一耗费时日的研究工作。

　　2016年6月，博士后论文答辩顺利通过后，厉先生即督促我抓紧修改完善，提交出版社出版，但论文修改不时被其他更急迫的任务所打断，加之在修改过程中又产生了一些新的想法，遂对有关内容进行了大幅调整和充实，包括增加了我国低碳发展进展与公众参与现状方面的内容，将案例城市保定市低碳发展现状独立成章，特别是对构建公众参与型低碳发展机制有关理论内容进行了充实，终于在这个全球气候异常的夏天，总算完成了最后的定稿。论文的写作和修改，旷日持久，已经成为一场对体力和精神的全面挑战，在数不清的后半夜的苦苦煎熬中，有时我不禁自问，这样的坚持是否值得呢？西谚云：人类一思考，上帝就发笑。我们每个人都无法超越人类思考具有的局限性，这本书也不例外。这样的思考到底有多大的意义和价值，真正的上帝、最终的评判者都只能是读者。

　　是为记。

田成川

2018年8月20日

图书在版编目（CIP）数据

心物知行：低碳发展与公众参与 / 田成川著 . —北京：
经济科学出版社，2019. 2

（中国低碳发展宏观研究项目系列丛书）

ISBN 978 - 7 - 5218 - 0181 - 1

Ⅰ. ①心⋯　Ⅱ. ①田⋯　Ⅲ. ①低碳经济 – 区域经济发
展 – 公民 – 参与管理 – 研究 – 保定　Ⅳ. ①F127. 223

中国版本图书馆 CIP 数据核字（2019）第 014173 号

责任编辑：齐伟娜　刘　颖
责任校对：郑淑艳
责任印制：李　鹏

心物知行：低碳发展与公众参与

田成川　著

经济科学出版社出版、发行　新华书店经销
社址：北京市海淀区阜成路甲 28 号　邮编：100142
总编部电话：010 – 88191217　发行部电话：010 – 88191522
网址：www. esp. com. cn
电子邮箱：esp@ esp. com. cn
天猫网店：经济科学出版社旗舰店
网址：http://jjkxcbs. tmall. com
北京季蜂印刷有限公司印装
710×1000　16 开　14. 25 印张　200000 字
2019 年 2 月第 1 版　2019 年 2 月第 1 次印刷
ISBN 978 – 7 – 5218 – 0181 – 1　定价：48. 00 元
（图书出现印装问题，本社负责调换。电话：010 –88191510）
（版权所有　侵权必究　打击盗版　举报热线：010 – 88191661
QQ：2242791300　营销中心电话：010 – 88191537
电子邮箱：dbts@ esp. com. cn）